政邦
书库

数 度

数字商业新秩序

陈 白 ◎著

DIGITAL BUSINESS

华中科技大学出版社
http://press.hust.edu.cn
中国·武汉

图书在版编目（CIP）数据

数度：数字商业新秩序/陈白著．—武汉：华中科技大学出版社，2024.5

（政邦书库）

ISBN 978-7-5772-0818-3

Ⅰ．①数… Ⅱ．①陈… Ⅲ．①数字技术-应用-商业管理-研究 Ⅳ．① F712-39

中国国家版本馆CIP数据核字（2024）第091501号

数度：数字商业新秩序

陈　白　著

Shudu：Shuzi Shangye Xinzhixu

策划编辑：	郭善珊
责任编辑：	张　丛
封面设计：	伊　宁
责任校对：	王亚钦
责任监印：	朱　玢

出版发行：华中科技大学出版社（中国·武汉）　　电话：(027) 81321913
　　　　　武汉市东湖新技术开发区华工科技园　　邮编：430223
录　　排：华中科技大学出版社美编室
印　　刷：湖北恒泰印务有限公司
开　　本：787mm×1092mm　1/32
印　　张：8.5
字　　数：131千字
版　　次：2024年5月第1版第1次印刷
定　　价：59.00元

本书若有印装质量问题，请向出版社营销中心调换
全国免费服务热线：400-6679-118　竭诚为您服务
版权所有　侵权必究

序 1

看见新的商业规律

在某个阶段,互联网发明了很多模式,诸如流量池打法、社群＋、私域流量、烧钱换取市场份额,但这些模式都浮于表面,很多喧嚣一时,最后归于沉寂。这当然是试错的必要代价,但试错本身,也有效率高低之分。决定试错效率的因素很多,法治、政治、人文、地理环境等等,但思想与观念也是一个非常重要的因素。因为"自由的思想市场",可以实现思想的碰撞,帮助人找到那些模式、现象背后的规律。

由现象探索规律为什么重要?

现象是直接的,它构成了我们认识和理解世界的起点。但现象是复杂的、流变的,所以它往往令人困惑。

我们只有拨开迷雾，才能洞察规律；只有更深入地理解本质，把握现象的运行机理，才能预测事物的趋势，从而逼近准确和科学的决策。在商业、科学、技术等领域，这个过程都同样重要。

随着科技日新月异的发展，诸如人工智能、大数据、云计算等尖端技术逐渐渗透进传统产业的各个角落，极大地推动了商业模式的创新和效率的提升。这就是所谓的所有行业都值得用互联网重新做一遍。

新的商业模式背后，是新的商业规律。比如，基于数字技术的"千人千面"，"不同人不同价格"，虽然不会改变价格与需求的基本规律，但是却很可能改变实际的供求曲线的形状，改变消费者剩余、生产者剩余，并由此产生新的商业模式——比如，"羊毛出在狗身上，猪来买单"。

新东西总是难以把握的。所以，新技术与传统商业的结合，虽然为商业带来了全新的可能性和机遇，创造了巨大的财富，但同时也产生了前所未有的复杂性。数字经济中的商业，也变得更加多变、刺激，充满了风险。

序1 看见新的商业规律

洞悉规律，成为无数人梦寐以求的事。因为洞悉规律，就可以避开风险。

曾经有一段时间，每天晚上睡觉前，我都要去露台上看看星星，虽然上海光污染严重，能见度不高，但哪怕漆黑一片的夜空也有同样作用：它让人静下来，去思索日常事务之外的事情。那些日常中你会忽略的场景、idea、想法、观点，这时会不期而遇地闪现。

张一鸣对自己从一线退下来的解释就是：希望"心态能够放缓下来，一方面避免短期业务焦虑的包袱，另一方面不带固定预期地对未来有开阔的想象，有更长远的目标""相对专注学习知识，系统思考，研究新事物……"

一直以来，对于商业规律、商业思想的研究，夹在学界和商界之间，媒体从业者其实是不怎么被重视的，总觉得研究有学界，实干有商界，媒体似乎只能起到一个报道、呈现的作用。

但是，数字经济的从业者，面对高强度的日常工作，要聚焦一个细分的主业，很难做这种全面的了解与思考，那些社交媒体中流转的行业新闻，往往流于浅表。而学界，则要研究更抽象、更底层的经济规律，缺乏对市场的直接认知。

研究型的媒体人，恰好在这两者之间。互联网改变着一切，同样也在改变着媒体与媒体人。越来越多的媒体人，在业界与学界间承上启下，转型成为研究型媒体人。所谓研究型媒体人，不仅要具备专业知识框架，深厚的行业见闻，还要拥有对新技术敏锐的感知。只有这样，才能洞察数字经济中复杂多变的现象。本书的作者陈白，正是这样一位研究型媒体人。

我认识陈白很多年，最近一段时间，感觉越发突出，那就是她太能写了，而且，风格更加偏重专业型的分析。作为媒体人，她深入访谈许多商界、学界人士，有很多第一手的信息。随着陈白日常工作的展开，她通过学习、洞察、梳理、思考，从媒体人转向成了一个互联网媒体人、一个研究型媒体人。

在这本书中，陈白在自己多年积累的基础上，从数字经济的战略、产业现状、文化、转型、趋势等多方面，提出了自己的洞见，为这个快速发展的数字新世界，勾勒出基本商业规则和度量衡。

所以，本书对于数字经济的从业人员，可以提供一种俯瞰视角的思考，更全面细致。对于对数字经济感兴趣的读者而言，本书则可以提供一个中国当下数字经济发展情况的分析性介绍。

正如作者所说：在数字商业的新大陆，我们以往熟悉的商业逻辑正在遭遇全新的挑战，急需得到重视和重构，以终止过去的布朗运动式生长，争取在下半场获得更多的生存合法性，也只有这样，未来才有可能获得更多的增长空间和发展可能性——熬得过冬天，才能等到春天。

刘远举

知名评论人

序 2

站在科技世界最前线

与陈白相识是在学生时期,之后又机缘巧合成为同事,我们携手走过两段对我们而言至关重要的职业生涯。

陈白给我发了这本书,让我作序,诚惶诚恐。作为中国科技产业发展的观察者,要感谢陈白。还记得 6 年前,她把我带入经济观察报社成为我的编辑,我们合作得非常好,一起商量选题、采访、写好作品,那是我最充实的记者时光——一个好编辑对一个记者来说至关重要。科技记者写稿往往是个直男思维,陈白每次都能给我改得趣味横生。她关注技术本身,但更重要的是她关注其背后的商业逻辑、背后的人的故事。后来我自己成为编辑,与她合作的这段经历让我受益匪浅。

这本书是她过往作品的合集,她能够实现她的追求,记录、观察这个世界,有自己的作品,不枉一段媒体生涯,这也是记者这个职业最为迷人的地方。

拿到这本书,过去的记忆如电影般涌现。这里出现的许多词语、采访、判断和观察,是我们当时时常讨论的话题。身处媒体这些年,我们一同看到了中国互联网的飞速发展,写数字化的记者不少,但真正参透其本质的并不多,大多停留在技术和业务表面,甚至对技术和业务也一知半解,经不起推敲,经不起刨根问底。记者众多,但能够输出自己观点的记者并不多,陈白是我认识的媒体人中,懂行业且能够提炼出自己见解的媒体人。心有猛虎,细嗅蔷薇,从媒体人的角度,我更愿意将其理解为,心中对行业有深刻而宏大的图景,通过细节和最为通俗的故事,讲一个行业的大道理,这是我对《数度》这本书最深的体会。

在媒体的这些年,我们看到了一个个基于互联网模式的创新兴起、败落;一个个大公司的组织变革和数字化转型阵痛;我们曾讨论过汉帛做柔性生产,讨论工厂电子商务模式的兴起;讨论中国式管理学在实践中被总结,在总结中实践;讨论平台经济、产业互联网这一系列名词背后的商业故事……数字化,底层是组织变革、是管理,是对行业 Know-how 的理解,是企业文化,是人。这是这本书所讲的本质,也是"数度"本来的含义,如陈白所说——是快速发展的数字新世界的基本商业规则和度量衡。

我们处在一个激动人心的新时代,技术的更迭速度超过过去十年之和,从之前一切围绕互联网重塑一遍,到现在一切值得用大模型重建一遍。大模型的出现,对商业社会的颠覆或许将超越人们的想象。尽管目前大模型的应用仍处于探索期,但已有不少从业者意识到,这是一件必须尝试的事,在这场正向的、巨大的浪潮下,有一往无前的冒险者,也有小心翼翼的尝试者。很庆幸我们能够站在风口浪尖,讲述最前线发生的商业故事和变化。我想《数度》这本书一定还有第二部、第三部、第四部……它将是数字世界的历史记录。

祝福陈白,感谢陈白,借用书中一句话:三十年后,未来已来。现在看来,或许不用三十年。

陈伊凡

资深科技媒体人、虎嗅网科技组前主编

序 3

欢迎来到数字商业时代

Hello world，你好，世界。

1972 年，C 语言之父丹尼斯·里奇把这行再简单不过的入门级代码写入 C 语言教程。1995 年，未来学家尼葛洛庞帝在他的成名作《数字化生存》中预言，比特将会取代原子成为未来世界的基本要素。此后一年，中国学者胡泳等把这本书翻译到中国。

从那开始，中国的互联网浪潮惊涛拍岸，奔涌至今。

那时候大多数人还不敢确定，这个世界的数字化进程是否已经随着互联网的诞生开启。但在经历了前所未有的疫情冲击之后，大多数人接受了这样一个现实：

2020年是原子世界和比特世界交接权力的一个关键时间点——数字化生存已然是我们必须与之共处的现实。

后来这些年发生的事情，反复印证着这一点。

疫情迫使我们在退居家中之时进一步走到线上。在最初的忙乱之后，我们感谢数字化。若非互联网重新让我们实现了连接，在应对这场全球性危机时，我们可能会面对更多的困难。从疫情的监测分析、社区管理到病毒检测诊断，从疫苗新药研发到维持社会的正常运转，购物、办公和教学等场景不因隔离而被阻断……正是科技赋予的力量，使中国更早地恢复正常的经济社会秩序，为中国经济走向复苏、由负转正提供了巨大的支撑。

疫情的洗礼让那些怀疑论者也承认，一种人类历史上从未有过的新生活方式正在彻底重塑我们的生存状态。从农业、工业到服务业，从城市到乡村，疫情以我们未曾预料的方式加速了趋势的演进。我们正在亲历和见证这样的一幕：每个人的生活方式、生存方式和交互方式被数字化彻底重塑，每一种商业形态、所有的商业组织都因为互联网、大数据、人工智能的加入而展示着新的可能。

序3 欢迎来到数字商业时代

我们无法确切地预知,数字化最终将怎样塑造整个经济社会生态和人类自身。正因如此,在技术进步掀动的浪潮涌来时,人类始终需要存有一份敬畏。人们应该看到,科技进步的阳光之下也有阴影。

被巨浪拖拽着直面互联网冲击的菜场贩夫,宣告了互联网平台的触角正式抵达我们生活的最后一个角落。我们满腔热忱地冲进数字时代,以为这个世界将张开怀抱欢迎所有人,但这可能只是一个美丽的误会。北大教授胡泳说,"这样想会忽略一个极其严重的问题,就是许多人根本就上不了车,而是被彻底地甩在这辆战车之外"。

这样的故事一直在发生,却常常被忽视。每一次技术进步,都会伴随着或大或小的矛盾和利益冲突。便捷与隐私、权利与权力、竞争与垄断,这些在原子世界中已然存在的博弈,在比特世界被进一步放大。

在数字经济时代,因为跟不上技术进步的步伐而被淘汰,或许是很多个体必须面对的现实,但是一个有良知的社会不应任由他们成为"数字弃民"。科技以人为本,这意味着科技需要以更积极的方式,帮助他们重获回归社会的基本能力。这是整个社会的责任。

对那些互联网经济中的领跑者而言,数字化进度条的推进不等于他们将天然地拥有更多。他们从最初的探路者变成了无处不在的庞然大物,共同塑造着新的经济和社会生态。但很显然,一旦监管者意识到,一个充满活力和生机的系统需要包容和多样性,那么塑造一个能力与责任匹配、鼓励新陈代谢的生态体系就成为必然。狂飙突进的拓荒时代就此宣告结束。当监管者重新审视规则和秩序,不管是否情愿,那些商业巨头也会毫无例外地被重新塑造。

即使是这样,我们仍然坚信,科技可以为人类做得更多,创新的力量最终会让社会的大多数参与者获利。只要我们坦率地承认那堵数字围墙的存在,认识到可能有很多人的处境会因数字化生存而变得更为窘迫,我们就一定会有办法帮助那些人。毋庸置疑,最终帮我们拆掉数字围墙的,一定是新的技术本身。

作为数字世界的观察者,我看到了许多变化在悄无声息地发生。

让我们重新审视一下眼前的现实吧——就在这一刻,一头奶牛在农业操作云端又生成了一组饲养数据,有人拎着购物袋扫描了超市门口宣传单上的二维码,珠

序3 欢迎来到数字商业时代

三角工厂的女鞋在直播间被抢购一空,快递小哥拿起设备扫描了新一单包裹,行政秘书在钉钉上预约好了一场会议,在路口等待的旅客一边看着手机一边比对着面前的车牌号……这是我们熟悉的日常,我们依赖于数字化提供的所有,我们憧憬着它可能带来的一切。

在这本书中,我希望能够记录作为观察者眼中的数字世界变迁,以及参与其中的人们,他们所完成的历史,和他们所想象的未来。

作为媒体人,我得以有机会和他们完成对话:他们是公司的决策者,数字化部门的操盘手,行业数字化的幕后推手;他们是制造业的掌舵者,数字时代的布道者,又是风口上的弄潮儿。不管身份如何或者身处哪个行业,他们都是坚定的行动者,也是数字新世界的创造者。

1995年尼葛洛庞帝说,"预测未来最好的办法就是把它创造出来"。三十年后,未来已来。

序 4

数度：终止布朗运动

我们已经彻底进入数字时代，这一判断再无争议，接下来我们所有人都必须面对的问题是：随着这片荒原已经被开垦成沟壑纵横的新大陆，我们也需要有新的认知逻辑来理解这片土地，才有可能正确预测它未来会发生的变化，并做出正确的决策。

而理解新世界的认知框架，我把它命名为数度——数字经济的发展规律与规则。

乍一看起来，这个词似乎是源自"速度"的同音词。当然，过去二十年间，中国的数字经济确实是中国速度的最好佐证。但速度远不足以概括数度这个词的内涵。

事实上,"数度"这个词最早出自《周礼·春官·典同》中的"凡为乐器,以十有二律为之数度,以十有二声为之齐量。"东汉郑玄为数度所作的注释是"广长",意为衡量音律的一种统计方法,后来泛指制度。

但探究使数度这个词更受研究者们关注的原因,还是需要回到《庄子》的名篇中。在《庄子·天下》篇中论及治世之术时有这样的表达:"明于本数,系于末度……其明而在数度者,旧法、世传之史尚多有之。"对于什么是"明于本数,系于末度",学界一直有很多的争论,这里不再赘述。我想不妨引用 AI 大模型对它的解释:整体的数量准确,取决于细节度量的正确。其中,"本数"指整体,"末度"指细节。进一步解释,"明于本数"可以理解为对整体有清晰、准确的认识和了解;"系于末度"则表示对细节的关注和处理。因为整体的数量是否准确,往往取决于细节的度量是否正确。

大模型的解释未必能够精准地表达庄子的意旨,但如果我们从数字经济的宏观视野切换至企业战略的微观维度也会发现,这种解释其实在一定程度上是恰当的。也正因此,在这本书中,对于什么是数度,我更倾向于回归其本来的含义：它应该是这个快速发展的数字新世界的基本商业规则和度量衡。

过去二十年间，数字经济创新在很多层面几乎都是属于布朗运动式的野蛮生长——数字经济淘金史上的每一次"大战"和"爆雷"都印证了这一点。从"BAT大战"① 到如今的互联网"拆墙"，从P2P②"爆雷"到如今的"金融风险定向拆除"，从直播电商风起云涌到头部主播四面楚歌……只要不是市场原教旨主义者，相信都会同意，从无序走向规范，是一个新产业发展的必由之路。

从这一点我们也不难理解，为什么熊彼特将创新的过程命名为创造性破坏。在熊彼特看来，创新能够从内部不停地革新经济结构，即不断地破坏旧有的秩序和结构，同时再不断地创造新的结构，这一过程便被称为"创造性破坏"。通过创新，企业家不断创造性地打破

---

① "BAT"为百度、阿里巴巴和腾讯。
② 全称为Peer-to-Peer，意即个人对个人（伙伴对伙伴）。又称点对点网络借款，是一种将小额资金聚集起来借贷给有资金需求人群的一种民间小额借贷模式。2020年11月中旬，全国实际运营的P2P网贷机构完全归零。

旧的市场均衡，而经济增长就是以这种"创造性破坏"为特征的动态竞争的过程。

在"破坏"的语境下，旧有的规则和体系天然是被用来打破的。但熊彼特的"创造性破坏"更多是在讲述周期前半段的故事。如果我们把经济周期简单想象成一个抛物线的话，我们所谈及的数度，事实上是在讨论抛物线经过峰顶之后，下半场的现实与企业家必须做出的抉择。

但需要进一步说明的是，我在这本书中反复强调非市场因素的"度"，并非在反对市场。相反，我认为这恰恰是最大程度地发现并尊重市场下行周期规律。因为按照产业自身发展规律，每一次野蛮生长的泡沫破裂，其实同样都是一个回归常识、回归规律的过程。

商业自有其亘古不变的一些基本常识和长期主义逻辑——法律法规与政策是整个市场经济秩序的底座，也是商业底层逻辑的最关键部分。但如果我们从市场经济的视角来审视数字世界的话，会发现我们需要建构的底层商业逻辑，显然远不止于这些。

尽管底层的常识和真理不会因为技术的变化而改变，但数字世界的规则和逻辑，必然不会完全遵从以往我们在传统世界所习惯的一切。因此，在现实的视野定义数度,将是一个极为复杂的问题。这本书是一次小小的尝试,去展现在周期和产业变化背后,企业可以参考的战略转型方向。

当然,在经历了过去三年的平台经济反垄断风暴之后,我认为所有与数字经济相关的公司也更应该重视市场因素与非市场因素交织所造就的新风险。它不能再以过去的逻辑和规则来理解和应对,而是需要重新建构理解认知框架。

这也是我希望在这本书中与诸位探讨的方向:在数字商业的新大陆,我们以往熟悉的商业逻辑正在面临全新的挑战,也急需得到重视和重构,以终止过去的布朗运动式生长,争取在下半场获得更多的生存合法性。也只有这样,未来才有可能获得更多的增长空间和发展可能性——熬得过冬天,才能等到春天。

在这本书的前半部分,我希望能够通过复盘过去几年发生的一些标志性商业事件,从而谈谈我们身处的数字世界正在发生的商业理念变化。

在这本书的后半部分,我希望能够呈现中国企业为数字化转型所做出的探索和努力,以及他们目前抵达的位置。

最后我汇集了近年来我与国内数字领域的知名教授的对话访谈，他们都是所在学科领域顶尖的教授学者，他们站在山顶瞭望变化；他们眼中的数字世界，是观察这个年代的最佳视角。

我希望能够通过我的观察和我持续的采访，为大家穿透布朗运动的无序和多元的技术风口，描绘一张理解多元而复杂的数字世界的新地图。

目录

01 战略重塑 /1

快公司、慢公司 /3
重新定位互联网 /7
寻找第二增长曲线 /11
传统行业如何重做一遍 /15
看不见的竞争对手 /19
科层制和扁平化的抉择 /23
裁员:一场终将面对的升级考验 /27
拆分巨头,重启创新 /31
科技公司需重视"非市场战略" /35

02 产业转向 /39

从平台到"卡脖子"	/41
从独角兽到巨兽	/49
互联网"拆墙"行动	/53
"种草经济"往何处去	/56
主播困在直播间里	/60
电商与实体,共识是什么	/63
重要的不是价格战	/67

03 数字文化 /71

反对"流量即正义"	/73
"996":被揭开画皮的时代焦虑	/76
直播间的底层焦虑	/80
流量变现,娱乐至死	/84
中年危机与新"商业正确"	/87

04 转型之路 /91

数字化转型：无人区的探索者们 /93
华为如何走出数据沼泽 /97
对话 华为数据管理部 专家杜浩 /103
阿里云解局"数字化焦虑" /112
对话 华为数据管理部 专家张瑞 /121
寻找数字化生产工具：以钉钉为例 /129
如何打造数字基础设施 /137
"五环外"的数字化突围 /145
一个弹簧里的数字化实验 /156

05 趋势洞察 /165

当科技公司沦为传统企业 /167
对话 中欧国际工商学院经济学与决策
  科学教授 方跃 /171
平台经济再定位 /186
对话 中欧国际工商学院战略学副教授
  陈威如 /195

新二元经济：理解宏观的新思路　　　　/200
对话　长江商学院金融学教授、长江教育
　　　发展基金会理事长　周春生　　　/203
第四产业：产业经济的新维度　　　　　/209
对话　国家信息中心　吕欣　　　　　　/213
我们需要一场数字文明启蒙　　　　　　/226
对话　伏羲智库创始人、主任　李晓东　/232

后记　　　　　　　　　　　　　　　/240

1

战略重塑

快公司、慢公司

张一鸣宣布卸任字节跳动首席执行官（CEO）的消息在披露之后瞬间登上了当天热搜，却又很快就淹没在海量信息之中。

尽管今天我们回过头去看，已经意识到那是一个风向标事件，但在当时，这种关注度显然并不符合这位传奇企业家和他所创立的互联网巨头的地位。

只不过，这些年人们开始逐渐熟悉甚至习惯，互联网企业家们"退居二线"的抉择。毕竟就在张一鸣引退不久之前，中国互联网界新生力量的另一极——电商拼多多的掌门人黄峥同样也宣布了离开公司的掌舵位置。

张一鸣对此的解释是，"今年希望公司从某种程度上，心态能够放缓下来，一方面避免短期业务焦虑的包袱，另一方面不带固定预期地对未来有开阔的想象，有更长远的目标。"而他的打算是,"相对专注学习知识,系统思考,研究新事物……"

这依然会让人联想起黄峥的告别——在股东信中,黄峥说,"我意识到这种传统的以规模和效率为主要导向的竞争是有其不可避免的问题的。要改变就必须在更底层、根本的问题上采取行动,要在核心科技和其基础理论上寻找答案。"

但如果我们拉长时间的维度,从企业家的代际变革来看,一些巨大的差异其实已经出现;相信70后、80后的数字世界移民们都有记忆,如果我们把那些企业家放到企业生命周期的同一阶段,在BAT尚且如同字节跳动和拼多多这样成立才八九年的风华正茂之时,那时的他们毫无疑问是跑得最快的人,在各个场合都能够听到他们对于商业世界变化的判断。

后来,我们更多只能从一些内部讲话中窥见互联网新巨头掌门人的关注点变化。他们是如此静默,以至于依然坚持在"饭否"① 表达的王兴显得分外另类。再后来,他们干脆选择离开舞台中央。

---

① 一个提供140字的迷你博客网站。

企业家的变化,归根到底是企业面临的环境的变化。在经历了前所未有的疫情之后,全球加速拥抱数字化的另一面是这个曾经的比特荒野已经变得人潮涌动、分外拥挤。这也直接意味着互联网公司的流量增长红利已经基本见顶,而所有可能进行"互联网+"的传统领域基本已经被瓜分完毕,没有了高速增长的想象空间,支撑市值的塔基就开始出现裂痕。

从互联网巨头们的财报来看,应对这种裂痕的转型也在发生。从以往对消费者(To C)层面的争抢转向对企业(To B)层面的布局,几乎成为所有巨头的一致选择。

当然,在数年前,站在 To B 门口的互联网公司们一度也心潮澎湃地认为这将是如同 C 端一般可以尽情驰骋的广阔平原。但从工业到农业领域的产业逻辑,正在让互联网公司们意识到,这是一个全新的"山地世界",烧钱无法解决任何问题,每一步的进展都可能意味着需要巨大的投入和脚踏实地的研发。

但这些也仅仅是产业层面的变化,在市场之外的变局或许更为重要。当互联网公司从曾经的颠覆创新者成为数字世界的基础设施建设者,他们如今的每一次产品更新、版本迭代都意味着巨大的社会影响力。对于科技巨头来说，如何为自己的影响力承担责任，一定程度上已经成为公司下一步的核心问题。

这种压力首先来自外界，科技和科技资本的"双刃剑"正在被重估。当"996"驱动了一整代焦虑的年轻人，当人们开始反思越来越快的算法里的阴影，当我们开始怀疑云端的交流是否正在消解我们的社会资本，当平台开始以便利之名在我们的生活中变得无远弗届……针对平台经济领域的反垄断开铡，显然只会是大幕的开始。

无论从哪个层面来看，对于当下的互联网企业家们来说，或许真正的挑战也在于此：此前所习惯的烧钱跑马圈地打法已经不再具有可持续性。

相比变快，如何变慢才是更重要的挑战。

有人说，在数字时代，所有的行业都值得用互联网逻辑重做一遍。但事情的真相可能是，如今正在被重做的，恰恰是互联网行业。

重新定位互联网

福布斯披露了一份新的全球富豪榜,为中国用户所聚焦的,当然是中国首富的易主——字节跳动的创始人张一鸣以594亿美元的身价问鼎中国企业家。

但如果我们再次审视这一份榜单,会发现张一鸣的特殊在全球的视野里,可能也并不是那么的特殊:这份榜单上除了多年未变的榜首沃尔玛创始人,其下的巨富们,几乎都是科技互联网公司的掌舵人。而作为一款全球风靡的软件抖音海外版(TikTok)的创始人,张一鸣不出现在这份榜单上,或许才是新闻。

从客观层面来看,富豪们的身份从此前的制造业工厂主到后来的房地产商,再到互联网科技新贵,江山代有才人出,产业浪潮不停奔涌,财富的蛋糕也越做越大。但从主观层面来看,人众对于富豪的态度,随着产业的变化经历了一系列变迁；只是当中国已经成为世界第二大经济体时，这种态度的核心逐渐从如何做大蛋糕转移到如何分配蛋糕上。

如今坐于富豪榜却如同坐于炭火之上的互联网公司创始人们，显然也正在努力适应时代的变化。这种努力，不仅仅体现在美团王兴在财报之后对美团名称的"强行解读"之言上，更体现在腾讯和阿里巴巴直接推出的百亿级别的共同富裕基金的真金白银上。

中央财经委员会第十次会议研究了扎实促进共同富裕的问题，提出"在高质量发展中促进共同富裕"。在党的二十大报告中进一步指出："构建初次分配、再分配、第三次分配协调配套的制度体系"。而在"共同富裕"重磅信息释放的两周内，至少有超过 70 家大型公司，包括不少行业内头部企业，在向香港、上海和深圳证券交易所提交的报告中提及了"共同富裕"。

收入分配是另一个重要的问题，需要单独讨论。我们聚焦在共同富裕这一目标下思考商业，会发现商业目的正在发生改变。如今的问题是，在创造利润之外，企业的社会价值到底是什么？在共同富裕的语境下对于这个问题，不是简单的社会责任理论能够解释，而是涉我们究竟如何在更大的环境下重新审视互联网公司位置的问题。

在本轮科技浪潮来袭之初,互联网公司们以彼得·德鲁克谓之"破坏式创新者"的面目出现在公众视野,他们的出现让大家开始意识到一个现实,那就是数字化的力量绝不仅仅是把我们的现实世界信息化,而是在数字荒野里重新开辟一个元宇宙。而经过数十年发展,这一元宇宙已经成为我们赖以生存的数字空间,我们猛然发现,曾经的边缘创新者们,却成了我们衣食住行的主宰者。因此,他们的能力和权力,有待重新界定。

面对这种位置变化所导致的心理不适应,我们是需要有一个适应期的,而我们当下正处于这样一个适应期之中。就像近期流传的一篇文章写道,当年知名科技记者刘韧在采访英伟达(NVIDIA)的CEO黄仁勋时,不会想到,今天的图形处理单元(GPU)的影响力已经远超当年英特尔(intel)的时代。

面对这种变化,中国的公司特别是互联网公司未必要觉得"委屈",富豪榜上的其他海外同行们,其实跑得更快一些。早在2019年,181家美国顶级公司CEO在华盛顿联合签署了一份《公司宗旨宣言书》。在这份宣言中，包括贝索斯、库克等在内的引领美国商业的CEO们集体发声：一个美好的社会比股东利益更重要。股东利益不再是公司最重要的目标，公司的首要任务是创造一个更美好的社会。

重新定位和权责的匹配势在必行，这也是产业发展的需要。

但与此同时我们必须承认的现实是，在互联网上无远弗届的数字科技公司们正在成为整个时代的中流砥柱，也是国际竞争最直接的标的呈现。他们在经济和社会中所处的位置，直接决定着一个经济主体在该产业的竞争能力。从这个角度来看，对于互联网公司的重新定位，还是需要更为严谨和审慎。

寻找第二增长曲线

对于以阿里巴巴(也称"阿里")、腾讯为代表的中国互联网公司来说,过去的数年确实是其公司发展历史上的至暗时刻:从微小的创新独角兽一路顺风顺水地成长为足以挤进全球市值前几位的庞然大物。

然而疫情冲击、垄断之问、社会责任、技术伦理……这些以往属于非市场板块的影响因子,却在这几年来如暴雨倾盆般密集地落在这些公司身上。直到那一刻互联网公司才意识到,无论是新零售,还是其他新场景,当它们大到足以取代那些被颠覆的传统板块,它们就必须承担起相应的责任。

但在资本的踩踏效应之下,我们把历史拉长来看,会发现同样的故事,其实早就在微软身上发生过。

前段时间,微软官宣其旗下的 IE 浏览器(Internet

Explorer）正式退役，这除了引发数字移民们对20世纪90年代的怀旧情结之外，也钩沉出IE浏览器和它身后微软的陈年往事。

时间回溯至20世纪末，当微软的IE浏览器已经占据了浏览器市场超九成以上份额时，1998年5月18日，美国司法部经过数月调查之后，宣布向微软发起反垄断诉讼。随后，韩国、日本、欧盟都曾经对微软在其Windows操作系统中捆绑IE浏览器进行过反垄断调查。从轰动一时的微软诉美国政府案开始，在后来的二十余年里，科技股泡沫破灭又重生，浪潮迭代新人辈出，而巨头微软，却一直疲于应对各个国家对其开启的反垄断调查。

当然，这段历史已经广为流传。对于今天中国的平台公司来说，更重要的是，微软在经历了反垄断重创之后，是如何走出低谷的。

今天的微软，能够做出舍弃IE浏览器的决定，显然已经算不上是壮士断腕，更像是舍弃鸡肋。因为在如今的微软之下，在曾经占据全部业务核心的Windows之外，还孵化出了以Azure云计算服务平台为代表的全新云业务体系。

1 战略重塑

在2014年给员工的第一封信中,时任微软掌门人萨蒂亚·纳德拉谈到了他认为是什么让微软成为一家伟大的公司,以及他认为的微软未来发展方向。他强调了移动为先、云端为先,而对Windows只字不提。2015年,微软进行了组织结构变更,庞大的Windows组不久也被解散。这意味着一些人的离开,还有外部高管的引入,从而使企业的战略方向保持一致、激发组织的活力。

寻找到第二增长曲线的微软,重获市场信任。截至2021年底,微软过去六年的股价一路狂飙,市值翻了4倍多,最高突破2.5万亿美元,甚至一度超越苹果,成为全球市值第一。

大船调头,更为不易。执掌微软转型的纳德拉在其后来的自传《刷新》中这样定位那一场由死向生的变革——重新发现微软的灵魂。

对于中国的平台公司来说,如今的政策固然释放了足够的暖意,但真正的考验也已经开始:接下来能不能如同决策层期待的那样"打好关键核心技术攻坚战",同样事关企业的生死。站在此前的巨大市场规模红利之上,今天的平台公司,真正迎来了拼内功和远见的时刻。

当然，在市场之外，微软的镜鉴也足够清晰。

多年后，比尔·盖茨在接受采访时也谈及过当年所面对的反垄断案。"我把事情看得太简单了，没有考虑到企业的成功会引起政府的关注……所以我犯了错误——我说：'嘿，我永远不去华盛顿！'——太幼稚了。"

公司永远是社会系统中的一员，也会跟随社会环境、经济环境的变化而遭遇不同的境况，古今中外，无不如此。就这一点来说，人们在准备成为企业家之前，就需要做好足够的心理准备。

传统行业如何重做一遍

知名生鲜电商每日优鲜的倒下,对于绝大多数人来说,都是一场巨大的意外。一夜之间,这家曾经光芒万丈的线上线下商务(O2O)独角兽公司就人去楼空、就地解散,留下的只有未结和拖欠的货款,以及深陷其中的上下游供应商们。

这是一条典型的风口上的赛道,每日优鲜是其中飞得最高的佼佼者之一,它实现了在美股上市、单店盈利……黎明的曙光似乎就在不远的地方。然而没有人会想到,多米诺骨牌坍塌的时候会是多么的迅速。

这些年来,我们已经习惯于烧钱模式所带来的速度与激情,用天量的资本在短时间内占据一整条赛道,这些商业故事在过去几年里几乎算不上大新闻。但无论是"指数级增长",还是"流量池模式",这些通过某些具体公司个案就总结出的所谓的打法，在后来都陆续因对应的公司泡沫破裂而被最终证伪。

世上无捷径，本就是常识。但互联网似乎带来了新的可能性：我们能看到的几乎所有互联网公司的业务模式与盈利模式事实上是分离的。换句话说，传统企业的盈利模式是在找到用户的同时挣用户的钱，而互联网的商业模式是通过低价乃至免费来完成用户和流量的聚合，随后再进行流量的变现。

按照这个逻辑来观察，足够大众化、门槛低且消费频次极高的生鲜自然是一条再合适不过的赛道了。这些年来资本在生鲜电商领域的投入，几乎就像西西弗斯一样从未停止，也淋漓尽致地展现了什么是"资本不是万能的"。

这个被外界评价为具有 5 万亿元规模的市场，从 2010 年开始就已经有一大波创业者投入其中，其中不乏阿里、腾讯、美团等互联网巨头企业，还包括传统商超"巨无霸"永辉、物美等。但在这十多年间，经历过数轮倒闭风潮和以百亿计的烧钱，始终无人真正跑通这条赛道。

知名学者陈威如教授说，在产业互联网时代，所有行业都值得重做一遍。教授的话并没有错,但多数人只记住了后半句,而忽略了作为前置条件的产业互联网。产业互联网的建设是一个漫长且需要潜心积累的过程,绝非通过简单的烧钱就能够一蹴而就的。

而实现农业的产业化乃至智慧农业的规模化,则更是一条需要长期投入的巨大社会工程。且不提我们如今距离农业工业化尚有距离,即便是在农业工业化高度发达的国家,生鲜电商们所期待的丰田生产模式的准时生产(Just In Time,JIT)式即时供应链响应也是难以想象的。何况是在以小农作业为主、生产极度分散化、品类又极端丰富且几乎没有标准化的中国本土市场呢?

看起来,每日优鲜发生崩塌的原因是"没钱了",但现实可能是,这条漫长夜路的终点,绝不是每日优鲜再融资几次就能够抵达的。相反,外界看起来以百亿计的投入,也仅仅是对于农业的产业互联网改造征途的开始。而这种改造,不是一家公司能够轻松完成的,也不可能会成为一家公司的商业模式、盈利来源。

在今年的《财富》世界500强排行榜上,沃尔玛蝉联榜首,实现九连冠。这无疑证明,无论从底特律到硅谷如何风起云涌,作为人们衣食住行的基石,零售依然是充满了商业机遇和拓展空间的。从这一点来说，作为零售一部分的电商行业的发展，远未到天花板或是终局时刻。

退一步来看，我们依然需要重新认识，沃尔玛究竟是如何在 60 余年里始终保持成功的。几十年来，从管理学界到咨询界都总结了沃尔玛的成功之道，其中有很多关键词，比如科学管理、强大的供应链系统和顾客至上的理念等。其中没有任何关键词与流量、烧钱有关系。

在各种零售、消费的新赛道之下，或许我们是时候回到零售定义的本身了。

看不见的竞争对手

创业时代,每一天都有无数的公司雄心勃勃地宣告诞生,也有无数的公司终于难以为继。尼康中国没有撑过那个秋天。

日本相机制造巨头尼康几年前在其中国官网上宣布,决议停止子公司尼康光学仪器(中国)有限公司(Nikon Imaging (China) Co., Ltd.,简称 NIC)的经营;与此同时,负责生产尼康数码相机以及数码相机配件的工厂也将停产。尼康中国在公告中毫不避讳地指出自己改革的原因:由于智能手机的崛起,小型数码相机市场正在急速缩小,NIC 的开工率也显著下降,持续运营变得非常困难。

从 1917 年开始生产光学望远镜算起,尼康公司已经走过了百年时光。这家中国的子公司,在中国市场也已经有 15 年的历史。在百年之际选择转身与收缩,特别是放弃中国这样的供应链堡垒,显现的是这位略显年迈的巨头企业断臂求生的欲望。

1929 年日本工程师完成了 Nikon 第一颗 120mm f/4.5 镜头,时光荏苒,倏尔百年。但即使在初创阶段,相机的日子,恐怕都没有像最近这十年这样不好过。当年轻的尼康和佳能从"相爱"走向了漫长的"相杀",彼此谁也没有预料到,真正可能杀死对方的致命武器,居然是曾经看似离战场十万八千里的"2000 万柔光双摄"。

商业和"黑科技"的进化正在不断把这样的"魔幻现实主义"反哺给现实。比如谁也没想到,使得看起来无人能敌的康师傅方便面销量下滑的,不是统一和今麦郎,而是饿了么和美团。

可见没有什么能经久不衰。这种巨头的迭代、商业的进化,速度越来越快。十年前,我们的科技产品是诺基亚、摩托罗拉; 80 后的潮流社交巨头还属于陈一舟和他的校内网;那时候地铁里还没有阿里和京东,人们还在追逐凡客;① 上班族还热衷于偷菜;那些设计出王

---

① 此处阿里、京东、凡客均指代其自身或旗下电子商务公司。

者荣耀的中国程序员们,在玩的游戏无外乎反恐精英、红色警戒和传奇。如今不过区区数年,人面不知何处去,它们几乎都消失在了大众视野。

甚至,连存在于以往我们概念中的个体公司都正在逐渐消逝,不再有漫长的产品战线,资本比市场下手更为快狠准;取而代之的,是更多的平台、生态与"帝国联盟"。

推动巨头迭代的,是科技的力量,也是商业模式、组织管理方式的一次次颠覆。不再有一劳永逸的生意,更不可能有一成不变的管理,一代后浪推前浪,那些不愿意掉头,或者是难以转身的巨头们,一不小心就可能死在沙滩上。

把明天的机会浪费在昨天的祭坛上,这是彼得·德鲁克指出的公司治理失败的七宗罪之一。20世纪70年代中期,当苹果推出第一台个人计算机(PC)时,美国国际商用机器公司(IBM)几乎是在一夜之间就推出了类似的产品,但荒谬的是,IBM管理层严格限制将PC销售给潜在的主机购买者们。IBM的由盛转衰,也是从那一刻开始。这样的商业故事,在中国波谲云诡的市场中,特别是在互联网商业巨头的快速迭代中,同样并不鲜见。

美国财经网站 24/7WallSt. 每年都会评选出次年会消失的十大商业品牌，此前上榜的奥林巴斯在 2017 年初宣布停产旗下四分之三的镜头，这个曾经的卡片机市场的先驱品牌，如今可以说是基本退出了大众市场。所以即使是放在近十年来看，尼康也并非一个失败的案例。在曾经火热的卡片机市场，尼康通过自己的高端单反业务守住了最后的阵地。相反，如今它的主动切割放血，重塑全球范围生产机制的"结构改革计划"，未尝不会创造新生的可能。

当然，无论如何，尼康中国的撤退，依然是一个具有标杆意义的样本：除了意味着以尼康、佳能、索尼、松下为代表的日本制造业正在被重估，更意味着这个时代的商业巨头厮杀迭代，已经进入了充满不确定性的混战之境。

科层制和扁平化的抉择

当华为陷入冬天之时,许多人应该还会想起2019年的火热夏天。

当时,华为创始人任正非签发了一份总裁办电子邮件,宣布对部分2019届顶尖学生实行年薪制管理。根据这份邮件,这八名员工均为博士学历,年薪最低为89.6万元,最高为201万元。

近年来,"组织变革"是如此风靡,以至于超出传统的商学院语境,成为当下明星公司架构改革的热门关键词。阿里连续多轮的组织架构大调整、腾讯"930"架构变革、百度战略调整……那些活跃在时代一线的公司们船至中游,无不开始意识到管理效率调整对于公司的重要意义。

但即使如此，那些在科层制和扁平化"二选一"中摇摆不定的改革跟随者们，似乎并没有真正理解组织变革究竟意味着什么，起码在这些组织变革战中，我们很难看到人才评价体系被作为核心变革领域。如今，当人们看到华为为博士们开出的天价薪酬时，依然有些意外；人们至今依然对"打工皇帝"张小龙的薪水颇为惊异：按照腾讯的财报，在腾讯高管中，"微信之父"张小龙早在2016年的年薪就接近3亿，而作为董事会主席的马化腾，年薪也只有张小龙的九分之一。

当约翰·韦尔奇在美国通用电气公司（GE）开拓了扁平化组织，在此后这一组织形式一直被认为是互联网公司的标配。只是曾经作为扁平化组织标杆的小米最终也选择转投科层制，究竟哪一种架构制度更适于中国公司的发展，也在忽然之间不甚明了。

我们回过头来看，华为作为中国商学院的经典案例，我们其实很难把它具体归结为科层制或扁平化。事实上，这两种组织形式在华为组织架构中并存。但是任正非在多年前就提出的要将人才体系"炸开金字塔尖"的架构设计，毫无疑问是华为能够为天才博士们提供天价薪酬的依据。

1 战略重塑

在很长一段时间,人们习惯的传统薪酬模式,一般都是基于金字塔型组织结构模式设计。在传统薪酬模式下,薪酬往往与一个人在组织中的职位成对应关系,即一个人在组织中担任的职位越高,薪酬就越高。而在这种模式下,那些一线员工并不能得到正向的反馈。

无论是在任正非的总裁办电子邮件中,还是在他后来不断接受的采访中,任正非都曾表示:"华为过去的人才结构是一个封闭的人才金字塔结构,金字塔本身也是封闭的系统,限制了组织模型并造成薪酬天花板,我们已'炸开'金字塔尖,形成了开放的人才系统。"也就是说,华为的薪酬体系已经不再是我们平常理解的由上至下的金字塔结构。

事实上,表面组织形式变化的背后,最关键的依然是对于人才的绩效激励制度。无论前台的流程管理是多层还是单层,归根到底还是要回归到究竟如何"以奋斗者为本"上来。

公正的价值评价是科学的价值分配的前提。"不患寡而患不均",只有价值分配合理了,员工才能有足够动力,充满激情地去创造更大的价值。给人才以对等的价值评价,才能充分激发他们的主观能动性,为公司创造价值。这就是华为价值链管理体系的逻辑，也是即使以加班文化闻名，华为却并未在上一场"996"争议中被指责的关键原因。

用高薪抢夺顶尖人才，华为只是走在了中国公司前面。正如任正非所言，那些世界计算机竞赛的冠军、亚军，都被美国谷歌公司（Google）用五、六倍的工资挖走了。在硅谷，平均年薪超过百万的科技人才可谓比比皆是。

在有更多的中国高新技术公司进入世界500强榜单的今天，如何从人才的角度真正理解组织架构变革，对于更多正在寻求管理效率提升的中国公司来说或许是下一个关键问题。

裁员：一场终将面对的升级考验

对于从 80 后这一代开始的职场人来说，裁员本来是一个遥远而陌生的词汇。它存在于记忆中的中学历史课本里，存在于对父辈们国企下岗潮的懵懂想象里；在现实中，主动跳槽而不是被动裁员，是人们形容工作变化时更常用的表达。

我们习惯了过去中国经济的飞速增长，习惯了总有这个风口去代替那个风口，甚至习惯了经济增长从两位数到一位数的放缓，因为即使基本面正在发生变化，在微观层面，每年加薪、升职的向上曲线依然是大家预期的常态。但事情正在发生变化。

"这是我在十六年的人力资源职业生涯里第一次遇到候选者全是被裁人员的情况。"在 2018 年末的媒体报道中，一位资深的HR①这样说道，"其中，大部分候选者还希望自己的薪水能有所上调，他们并没有做好过冬的心理准备。"

风起于青蘋之末，2018年公司们还在以人员优化而不是裁员来指代架构的调整。2019年，从头部企业京东确认裁员10%、滴滴裁员15%（涉2000人左右），到一些创业公司干脆暴力裁员，甚至有创业公司一度宣布"996"工作制。

如今这一批中国互联网头部公司，普遍诞生于20世纪90年代末。哪怕以BAT这样的巨头来看，到2019年，它们也不过刚刚集体完成了自己的成人礼。至于当下新闻中的滴滴、小米、京东……尽管它们的品牌已然如雷贯耳，公司估值或市值已然堪与全球科技巨头比肩，但从公司发展的历史来看，他们依然十分年轻。

我们习惯了看增长曲线，却忘记阳光之下尚有阴影，我们确实可能低估了裁员所产生的蝴蝶效应；但相

---

① 人力资源（human resource，HR），指从事人力资源相关工作的人。

比于那些百年公司的动荡轮换，我们或许也同样高估了所谓的裁员潮。

中国巨头还在萌芽阶段时，正是 1999 年到 2001 年间硅谷科技泡沫破灭之时。在 2001 年，亚马逊的贝索斯对上千名员工说，"这非常困难，非常痛苦。但是基于商业考虑，我们必须这样做"，当时亚马逊合计裁员 15%。如今的亚马逊，依然是全球创新公司的翘楚，当年的裁员危机，对于亚马逊来说也是一次涅槃重生的机遇。

经济发展都有周期性，即使是那些百年公司，也并非一直处在永续的上升期。波浪式地成长不只是经济周期的规律，更是几乎所有公司组织的发展模式。拓展业务是一种必然需求，缩小企业规模也是一种必然调整。

那些穿越危机依然基业长青的企业，往往都把收缩看成是一种有序的蓄势的行为，是为未来发展所做的准备。

从更长的历史时间段来看，如今的裁员潮，是中国公司成长的必修课。经过这样的调整，他们将会学到如何度过危机，如何更好地处理企业与员工的关系，如何理解公司在社会中的价值与责任。这是一场终究要面对的升级考验。

但与此同时,通过裁员"甩包袱"应对周期、度过危机,显然并不现实。从西方企业裁员的成功经验和失败教训来看,裁员本身并不能为企业带来真正的再生,只有将裁员与其他组织变革措施结合起来,如重新确立组织战略、调整组织结构、改革考核与薪酬制度、再造组织流程等等,才能真正使企业走出困境。

如果我们对标硅谷上一轮"泡沫挤出"时的痛苦,对于当下中国互联网公司裁员潮中的个体来说,我们面临的市场环境,事实上要远远好过于当年的硅谷。移动互联时代最显著的趋势是,个体价值正在得到前所未有的公平对待——零工经济、开放式创新、居家办公(SOHO)式就业……这些新就业形态,成为大公司组织在面对调整时的稳定缓冲垫。

而对于公共管理者来说,为这一缓冲提供更好的服务,也是"稳就业"的解决方案之一。

拆分巨头，重启创新

在这一万众瞩目的契机下，2023年阿里启动了重磅组织变革：阿里巴巴拆分成阿里云智能、淘宝天猫商业、本地生活、菜鸟、国际数字商业、大文娱六大业务集团。这一次，曾经的大象变成了象群。

当然，底层的变化其实早已经发生。张勇在过去的诸多公开讲话中，已经多次提及打造敏捷组织，也不间断地调整了诸多组织架构。如今这一次被认为是"阿里巴巴24年来最重要的一次组织变革"，也表明作为中国互联网领军公司，阿里巴巴正式开启了新的探索之旅。

中国互联网的另一极腾讯，近年来的变革关键词同样是组织。2018年，腾讯开启了震惊业界的"930"组织架构调整，宣布向产业互联网升级。从那时起，腾讯首次出现了ToB人业务单元"云与智慧产业事业群"。

随后数年间,就像阿里试图"拆分"阿里一样,腾讯也同样在小步快跑地试图"缩小"腾讯——缩减事业群、减持美团、拆分阅文等等。每一步都被外界解读为腾讯的自我拆分。

曾几何时,在中国的商业浪潮中,平台和生态是最为时髦的词汇。互联网公司争相打造平台经济以尽可能地获取规模效率优势,在那段时间,平台经济无疑是先进生产力的代名词。但也不过数年时间,随着针对平台经济的反垄断启幕,人们对于平台经济无序扩张的反思越来越多,这也使得互联网公司深陷舆论的旋涡。

如果我们把视野拉得更长一些,就会发现类似的故事经常出现。从20世纪初的波音再到后来的通用,自工业革命之始,反垄断的纠葛在全球范围内从未停止过。对当下来说最具有借鉴意义的,或许是世纪之交发生在当时的科技领军公司微软身上的世纪诉讼案。

20世纪90年代,微软一路长虹,从操作系统开始,一口气抢下了国际商用机器公司(IBM)、美国甲骨文公司(Oracle)、美国思科公司(Cisco)等公司手中的业务。按照现在的观念,掌握互联网世界入口的微软,毫无疑问是当时全球最大的"平台公司"。1998年底,态势急转直下,美国司法部宣布正式起诉微软,随后19个州加入了这一进程,一场试图拆分微软的世纪之战拉开帷幕。当时美国的主流看法,或许可以通过诺奖得主约瑟夫·斯蒂格利茨的观点得见一斑——亚当·斯密的无形之手是皇帝的新衣。你看不到它的原因是它不存在。

无论如何,那是一场涉及现代科技、市场机制、法律制度和政府反垄断政策的司法较量,案情空前复杂。虽然微软最终摆脱了被拆分的命运,但在那之后,微软逐渐开始收缩的进程——哪怕是到今天,大语言模型ChatGPT的火爆让微软和比尔·盖茨重新站在了浪潮之巅,但我们也不能忽略,这一次的颠覆式创新,并没有真正发生在微软内部,而是微软投资的创业公司美国开放人工智能研究中心(OpenAI)。

互联网公司之所以能在过去数十年来实现指数级增长,根本原因还在于它们是创新的引领者。从中国互联网领军公司步调一致的"自我拆分",我们能够明确看到,它们显然已经意识到,成为一家"大而不能倒"的公司,绝不是一件有吸引力的事情。相反,从寻求规模红利重新回到寻求创新红利，或许才是接下来的战略重心所在。

与此同时，从乔布斯和苹果开启移动互联网时代，再到如今的人工智能革命使得微软重获高光，我们不得不承认，当科技创新的门槛越来越高，那些具有划时代意义的创新，大概率还是发生在苹果、微软这样拥有长期沉淀和市场积累的大公司身上。从这个角度来说，激活科技公司的组织活力，让他们如同在过去的创业时代一样，心无旁骛地始终坚持在创新的第一线，将会是企业家们接下来更重要的任务。

科技公司需重视"非市场战略"

当中国企业纷纷把目光瞄准出海市场时,2022年的一系列海外变化使得这一雄心面临降温。

近日抖音海外版TikTok电商在印尼被禁,马来西亚也宣布开始着手跟进研究印尼最新的电商禁令,可能在适当时候对TikTok电商采取限制措施。与此同时,2023年10月10日,有消息称印度金融执法机构逮捕了4名相关人员,其中一名为vivo的员工。事实上,自2021年12月以来,小米、OPPO、vivo、华为等国产智能手机厂商先后遭受印度政府不同部门的税务调查,并被指出存在多重税务问题。

如果要问对于中国的互联网和科技公司来说,当下最为紧迫的命题是什么?可能包括企业家在内,第一反应都会是增长的困境。难题当然存在,当宏观经济整体面临下行压力,人口和流量的红利也早已经见顶,公司价值想象力达到天花板,许多公司开始把目光转向那些高速增长的全球新兴市场是情理之中,也是中国科技企业发展到一定阶段的必然选择。

但在市场本身之外,一个与增长同等重要的战略命题却长期被忽略——非市场战略。

在长达百年的发达经济体跨国公司战略研究史中,非市场战略已经成为显学。按照定义,非市场战略主要包括企业政治战略、企业社会责任战略、社会公众与媒体战略三种类型。经典战略管理理论侧重于企业如何通过市场战略影响外部市场环境、获得竞争优势;非市场战略则充分认可并纳入了政治、社会、文化等因素进而与市场战略整合,从而帮助企业管理者形成更为完整的决策框架。

即便是对非市场战略有了解,许多公司往往也只是简单地将其理解为政府关系、公共关系、企业社会责任等,在组织架构设计上,这几个部分也都不是身处核心位置,而是扮演着支持体系的角色。

一位知名跨国公司中国区高管曾经向我分享过拓展海外市场的经验,在她看来,公司在制定企业发展战略的时候,为了确保可持续地获得在东道国的稳定经营权,必须深入了解当地的政策和社会经济环境,同时要跟当地众多的利益相关方建立长期互信共赢的关系。这种关系将会直接影响到企业在当地的经营发展,因此,必须在企业战略制定时给予充分考量和规划。

随着全球政治经济不确定性日益加剧,中国企业所遭遇的诸多挑战,只是再一次把这一巨大的战略决策漏洞显性化了而已。

其实,非市场战略的难题不只存在于海外市场。回到本土市场来看,这种困境其实由来已久,却从未被正确对待。过去几年来,平台公司抢夺夫妻店生意而引发的舆情危机、要求商家"二选一"带来的反垄断危机、资本无序扩张等,种种危机背后的底层逻辑直指同一个方向。

当然,可以看到一些互联网公司早已经意识到了其中的不足。最为典型的例子,就是在 2023 年 10 月发酵的阿里巴巴罗汉堂被传关闭事件。而复盘罗汉堂的组织架构可以发现,企业意图解决的是"深入探讨技术给社会带来的影响,并对此负责"这一重大问题。但从后来的诸多事件中就可以看出,罗汉堂显然并没有真正意义上对阿里巴巴的决策造成影响，而仅仅是成为一个纯粹的学术讨论平台。

但如果我们复盘穿越周期的那些老牌跨国公司就会发现，它们无论是在本土市场还是非本土市场，都极为重视非市场战略。这也是它们在经济周期的各个位置始终能够维系业务的关键原因之一。

至于包括微软、元（Meta）、特斯拉等在内的科技巨头们，它们更是早就先行一步。无论是此前的《公司宗旨宣言书》，还是在人工智能浪潮来袭时在各种各样的防范人工智能（AI）风险的公开信中签上自己的名字，无一不说明它们早就充分意识到非市场战略对于公司业务的重要性。

在科技公司对政治、经济、社会的影响力越来越大的当下，我们的科技公司如果还是单纯地"就市论市"，必然会在现实中遭遇来自各方的巨大挑战。因此，对于包括互联网、新制造在内的科技公司企业家们来说，当下无论是出海还是本土市场运营，急需解决的问题是尽快建立自己的非市场战略体系，并确保其发挥企业决策影响力。

2

产业转向

从平台到"卡脖子"

在今天来看,估计应该没有什么公司会希望把自己定位为"平台经济"了。

2021年毫无疑问会成为中国互联网产业发展史上极为关键的转折时刻。这一信号自2020年末就已经显现:2020年末,国家市场监管总局一份《关于平台经济领域的反垄断指南(征求意见稿)》,有效优化了互联网的平台生态。

随后的一年里,包括阿里巴巴、腾讯、美团在内的平台经济代表公司陆续遭受了反垄断监管处罚。反映在资本市场上,是中国互联网公司的股价和市值都出现了大幅度下跌。企业市值变化的另一面,是企业家的变化。

反垄断之后,是重启互联网开放之门。"互联互通"成为2021年第三季度以来的商业新闻关键词,打通壁垒而不是各层生态的监管导向,彻底改变了平台经济的发展逻辑。

平台经济一度被认为是商业创新推动经济增长的新动能所在。作为基于数字技术、数据驱动的新经济业态,它确实极大地提升了交易的效率。正如著名经济学家吴敬琏此前撰文指出,"从经济学的角度看,(平台经济)这种转变为交易合同的达成、支付以及执行提供了新的实现形式,使交易成本大幅下降,许多原来在线下无法完成的交易变得可行,也使各方面参与者能够共享由此带来的效益。"

按照此前公布的数据,在2019年,网络经济指数高达856.5,对经济发展新动能指数增长的贡献率为80.5%。科技和科技所催生的资源配置模式的不断颠覆重构,带来了巨大的创新能量。

那时候,无数公司的梦想都是成为所在领域的平台基础设施。

正如当我们把教培行业的变化放在整体教育体制变革的层面上来看时,就会发现这一天迟早都会到来。

对于平台经济来说,这种变化和调整其实一直在发生。

明斯基时刻

中央经济工作会议对资本发展提出的"红绿灯""防止资本无序扩张"的政策表述,在一段时间内引发了市场的高度关注和猜测。

但如果我们梳理政策的逻辑,就会发现这一任务,其实从2019年的金融供给侧结构性改革起就拉开了序幕。这实际上是进入新时代以来国家为了规范资本、防止资本无序扩张所开展的一项重点工作。整顿平台经济、房地产市场和教培市场,都可以用防止资本无序扩张这一主题概括。

当然无论如何,公众注意力的一个惯性是,人们总是会过分关注和强调当下的变化的重要性。

事实上,与巨头的反垄断斗争,在发达国家已经发展超过百年。从第一部《反托拉斯法》在美国匆匆出台至今,美国的反垄断监管也在不断地"补短板"。特别是随后针对科技巨头所形成的垄断,更是"见招拆招"

式的演进。从美国电话电报公司（AT&T）被拆分和"贝尔系统"（也称"贝尔体系"）的解体，到后来的对IBM、微软的反垄断诉讼，再到如今反垄断铡刀对准谷歌、亚马逊和脸书（Facebook）这样的第三代互联网巨头，市场与监管的博弈从未停止。

2014年诺贝尔经济学奖得主在诺贝尔奖获奖演讲中说，自由竞争的市场能够保护消费者免于游说团体的政治影响，并迫使生产者按成本提供产品和服务。但是在现实生活中，市场经常会出现失灵。当出现市场失灵，竞争遭到削弱的时候，怎么办？此时就要由公共政策维护市场竞争。

除了外部环境的变化，不能否认的是，企业内部本身也已经抵达增长的天花板。中国互联网协会发布的《中国互联网发展报告（2021）》报告显示，截至2020年底，中国网民规模为9.89亿人，互联网普及率达到70.4%，特别是移动互联网用户总数超过16亿；5G网络用户数超过1.6亿，约占全球5G总用户数的89%。

这一组数据固然能够证明中国的互联网普及程度。但站在互联网公司的立场来看，这也意味着互联网公司的流量增长红利已经基本见顶，没有了高速增长的想象空间,支撑市值的塔基就开始出现裂痕。

内外部因素的交叠,导致了前文所提的新闻事实的发生:以互联网平台公司为主的中概股股价和市值出现了大幅度下滑。

在资本市场中,有一个流行的概念——明斯基时刻。它指的是当经济长时期处于稳定状态,则可能导致债务增加、杠杆比率上升,进而从内部滋生爆发金融危机和陷入漫长的去杠杆化周期的风险。

这一概念同样可以被引入产业观察的层面:狂飙突进的平台经济,显然已经到了去杠杆的时刻,那些试图通过规模和资本力量打败竞争对手的方法已经逐渐被证明不再"合规"。对于平台巨头来说,第二曲线的寻找,将会需要一条完全不同于此前的路径。

时代的主角

其实,如果我们把时间的尺度拉得更长一点,就会发现在一开始,那些典型的采用平台经济模式的互联网公司们,曾经也是以德鲁克所说的"破坏式创新者"的面目出现在公众面前。他们在数字浪潮之中开辟了一个全新的"元宇宙",也借由他们的努力,我们得以享受现代商业文明和科技进步所带来的生活便利。

与老一辈企业家相比,今天平台经济市场主体面临的核心问题更为深刻:这些平台公司的身份已经从曾经的商业模式的颠覆创新者转变为如今数字世界的基础设施建设者,由于他们产品的巨大用户数量,他们的每一次产品更新、版本迭代都意味着巨大的社会影响力。

一个典型案例就是滴滴的数据安全问题。其实横向比较来看,中国监管的主要内容与欧盟 2018 年生效的《通用数据保护条例》(GDPR)没有任何不同,都是致力于用户数据保护、确保数据安全和数据不被以非正当方式使用等。

但从滴滴在监管部门进驻之前的行为来看,他们显然并没有预测到这种情况的发生。事实上,这些市场业务层面之外的追问绝不止于数据安全。近年来,对平台所造成的负面影响的争议从未停止,而且这种争议不再止步于市场竞争的层面,而是深入至商业伦理的拷问上,比如算法控制与隐私泄漏、大数据杀熟、"996"和"过劳死"……这些问题正在成为企业发展的"阿喀琉斯之踵",而且,这一问题还在与企业的业务纠缠不清。

许多人都还记得 2020 年末的一篇广为流传的爆款文章《互联网巨头正在夺走卖菜商贩的生计》。这篇文章本身的观点还有待商榷，但它确实反映了这样一股"社会思潮"：互联网巨头通过烧钱和并购的打法所形成的扩张模式，到底有没有伦理的边界可言？

随着他们从业务到资本规模的变化，他们的能力和权利，自然也需要重新界定。

相比之下，如何为自己的影响力承担责任而不是继续盲目追求业务的扩张，对于这些公司的领导者来说是公司存续更为重要的话题。而且在一定程度上，这也未尝不是一个发掘第二曲线的过程。从国外企业的发展经验来看，通过解决社会问题来进行社会创新，同样是企业创新发展的重要途径之一。

我们回到经济社会发展的宏观层面，正如经济学家萨缪尔森所说，迅猛发展的技术革新，并不需要依赖于垄断的力量。

事实上，一些新的创新者面孔也逐渐出现在我们的视野，那些致力于科技创新的专精特新小巨人们，正在成为未来经济发展的希望。他们正在通过他们的创业，实现个人和企业的向上突围；更在帮助我们的经济发展连接断点、疏通堵点，提升产业链和供应链的韧性，最大限度解决"卡脖子"难题。

著名经济学家张维迎在 2021 年的一次访谈中谈及富豪榜变化时，引用著名经济学家约瑟夫·熊彼特的一句话：市场经济下的富人俱乐部应该像住满了客人的酒店，总是有人出去有人进来，名字总在变化。

从这个角度来说，浪潮总在变化，我们应该保持一颗平常心。

从独角兽到巨兽

困住商家多年的"二选一"在监管部门的雷霆出击之下暂时告一段落。

继阿里巴巴因"二选一"涉垄断被罚182亿之后,中国互联网的另一巨头美团随后也因"二选一"涉嫌垄断遭到监管部门调查。从电商业务板块到金融业务板块的反垄断调查递进,意味着面向互联网平台巨头的反垄断进程已经逐渐进入深水区。如果说对于电商领域"二选一"的监管是维护市场交易秩序的需要,那么对于平台巨头们在互联网金融领域的"资本无序扩张"的监管,则是对潜在的经济系统性风险的排雷。

早在2020年底召开的中央经济工作会议中已经明确,"强化反垄断和防止资本无序扩张"是2021年需要抓好的重点任务之一。自2021年以来,平台经济的反垄断更是多次成为关注焦点。从《国务院反垄断委员会关于平台经济领域的反垄断指南》（简称《平台经济反垄断指南》）发布到中央财经委员会第九次会议上习近平总书记强调，要推动平台经济规范健康持续发展，再到以阿里为始的一系列平台企业因涉嫌垄断被约谈甚至处罚，毫无疑问，如果要给2021年的互联网平台发展找寻关键词，"反垄断"将是无可替代的第一选择。

作为新商业模式的平台经济，互联网曾经被认为是商业创新赋能经济增长的重要动力来源。只是，曾经的独角兽们如今成为拦路的巨兽——伴随着互联网几大巨型平台的版图落成，曾经作为创新代表的它们，也悄然间走到了创新的反面。近年来，对平台所造成的社会外溢效应的争议其实从未止歇：除了商业竞争层面的滥用市场支配地位、妨碍公平竞争、烧钱抢占市场外，更广义的算法控制与隐私泄漏、大数据杀熟等平台经济所带来的天量增长的暗面阴影也随着平台规模的不断扩大而逐渐浮出水面。

当时代发展将我们加速卷入数字化生存状态之中时，平台经济作为数字经济的最重要载体，如今我们有必要重新理解它的含义。我们更需要一场各方参与的深入讨论,去厘清平台巨头的存在对于我们究竟意味着什么。

加强针对互联网科技公司的反垄断监管已经成为全球共识。2020年10月,美国众议院司法委员会认定亚马逊、苹果、脸书和谷歌4家科技巨头企业利用其垄断地位打压竞争者、压制行业创新。不久之后,美国政府和48个州及地区对脸书提起反垄断诉讼,谷歌也遭到美国司法部、多州总检察长联合提起反垄断诉讼。2020年底,欧盟发布了《数字服务法》(DSA)和《数字市场法》(DMA)草案。欧盟委员会称,新规则将更好地保护消费者在网络上的基本权利,并为每个人带来更公平和更开放的数字市场。

如今,中国的反垄断进程也在不断加速。对于当下的中国平台经济商业巨头们来说,如今的当务之急是尽快重新审视自己的业务。监管部门对于这种"重新审视"也给出了明确的期限:此前,监管部门就已经约谈了34家平台公司代表,要求在1个月内全面自检自查,逐项彻底整改,并向社会公开《依法合规经营承诺》,接受社会监督。

但从更长远的视野来看,我们不能回避的现实是,平台公司已经不可避免地成为我们生活必不可少的基础设施。在这种情况下,具体业务的整改或许能够解决一时之弊,但绝不是治本之道。

互联网"拆墙"行动

2023年以来,互联网的互联互通式"拆墙"行动还在继续:阿里在淘宝和天猫平台引入微信支付,而腾讯则会在微信平台开放阿里和天猫的商品分析,并允许阿里在微信小程序中进行导流。

在此之前,一起不起眼的、原本被认为是顺理成章的并购案也被叫停,经过半年的经营者集中反垄断审查,"虎牙斗鱼并购案"审查结果出炉:二者被禁止合并。这是2021年出台的《国务院反垄断委员会关于平台经济领域的反垄断指南》的第一次真正落地实施,而与此同时,腾讯对搜狗的收购顺利获批。许多人对这一收一放存有疑惑,但这样的结果,恰恰是在树立反垄断的规则。

这些消息的不断出现所释放的信号,对于越来越走向封闭的中国互联网生态来说当然是好消息。这些年来，和互联网生态论共生的是巨头割据、自成生态，且互不兼容。对于用户来说，我们赖以生存的互联网，早已经鸿沟交错，深陷其中的不止用户，还有致力于创新的创业者们，他们的创业空间在市场竞争层面已经基本被封闭。在任何一个细分赛道，都有巨头企业或者巨头资本企业的身影，选边站队、成为巨头企业的打工人，可以说已经成为有志于成为企业家的创业者唯一的未来。

对于巨头们来说，股价上扬更多是对"靴子落地"的反应，从更长的时间点来看，接下来应是一个泡沫被刺穿的明斯基时刻：此前其因无远弗届的垄断所获得的收益有多丰厚，在一段时间内其因开放而失去的垄断利润就有多巨大。明斯基时刻一直被用于形容资本市场，是指经济长期稳定可能导致债务增加、杠杆比率上升，进而从内部滋生爆发金融危机和陷入漫长去杠杆化周期的风险。而如今的互联网巨头，显然已经到了去杠杆的时刻，那些试图通过资本和规模的力量让竞争者屈服的打法，已经不再有效。

当监管部门的注意力开始落到巨头与其所构建的商

业帝国时,不管它们的口头愿景是否向善,监管部门需要看破的是,他们的存在究竟是成为我们生活中不可或缺的水与电,还是更进一步因其不可或缺而成为阻碍创新和要素流动的庞然大物。

知名经济学家萨缪尔森说,"贝尔体系的解体,向人们清楚地揭示了一个真理:迅猛发展的技术革新,并不需要依赖于垄断的力量。"

是的,我们依然应当相信市场的力量,即使没有外部力量的介入,也不会存在真正永恒的垄断,只要技术浪潮未被"锁死",那么创新总会向前,推动着新的企业出现;而产业政策和监管的介入,只不过是帮助降低这一过程的负面外部性,并提升这一过程的效率。

当然,如今即使是相信弗里德曼的人们,也转而开始追问股东利益至上是否是不变的真理。回顾全球商业史,众多曾经纵横商业世界的巨头最终需要为社会所审视,从中短期看,这种泡沫的破裂和去杠杆化无可避免;但从长期看,无论是互联网巨头,还是外界,都必须重塑这样的认知:从来就没有什么所谓的巨头时代,只有时代中顺流或者逆流的企业。

"种草经济"往何处去

"买它!"

再没有什么能比直播主播的这句口号更适合来形容电商购物节。直播卖货创造了"18秒卖出防晒霜××万瓶""5分钟卖光××万支口红"这样的销售奇迹。不过,当直播卖货遇到翻车时,这也引发大众对2019年以来网红经济所催生的新购物方式的反思:究竟应该往何处去?在个性化不断彰显的新消费时代,互联网"种草"潮流下的消费者权益怎样才能真正得到保障?

与此同时,另一则值得注意的消息是,2019年10月17日,最高人民检察院、国家市场监督管理总局、国家药品监督管理局三部门高度关注食品药品安全问题,联合宣布,将在未来一年多内重点打击"网红带货"中的违法行为。监管力度加码之下,新兴的内容平台和社区都在加速合规化进程：2019年10月恢复上架的知名"种草"平台小红书公布了一套由真实购买用户打分的产品评分体系；抖音宣布打击作弊违规账号；淘宝也表示对主播的行为、商家的货品进行有效管控。

无论是监管部门的举措，还是头部平台的整改，都指向一个信号，"网红经济"领域将迎来一次洗牌式变局。当明星"种草"、网红带货从小众走向大众、从一种分享体验成为一种新消费渠道，保障这一领域在合法合规的前提下持续发展，已经成为监管的新命题。

互联网时代，新生事物层出不穷。在保障其快速发展的同时防止其走向"野蛮生长"，需要更多斟酌。比如如何明确网红带货过程中网红、品牌、平台三方之间的权责归属，如何更好地杜绝刷流量、推假货，如何建立相对通畅完善的消费者权益保护机制，这些都有待监管部门和从业者共同进一步探索。但与此同时更需要审慎考虑的是，在守住保障消费者权益底线的同时，如何在消费升级大趋势持续、个性化消费特色彰显的时代更好地引导促进消费，给新生的消费动力以更多生长空间。

2019年8月，为推动流通创新发展，优化消费环境，促进商业繁荣，激发国内消费潜力，国务院办公厅印发《关于加快发展流通促进商业消费的意见》，其中明确提出，要"引导电商平台以数据赋能生产企业，促进个性化设计和柔性化生产，培育定制消费、智能消费、信息消费、时尚消费等商业新模式"。

在2019年的世界互联网大会上，一位阿里高管的发言在一定程度上展现了商业界对主播们的价值预判。在他看来，主播们的商业价值，是"保守估计，去年'双十一'，头部主播一个人卖了3亿元，估计今年'双十一'，一个人的销售额肯定能超过10亿元"。另一份报告数据显示，83%的年轻消费者购买决策的主要影响因素是身边及各平台的"网红""达人"的"种草分享"。一度遭遇下架的知名"种草"平台小红书的数据显示，2019年上半年，国货笔记数量同比增长116%，互联网"种草"正在使得年轻消费群体重新发现国货。

无论是商业领袖们的预判还是消费数据的佐证，都充分展现了"网红种草"所带来的强大消费潜力。在互联网去中心化背景下，网民更相信来自用户的真实反馈和声音，这是互联网"种草"的优势，也是互联网拉动内需的道路之一。在经济下行压力增大、消费升级需求进一步提升的大背景下,鼓励而非打击这一领域,使其在合规的范围内健康快速发展,是促进新消费的应有之义。

从这个角度来说,"翻车"风波提示的不是一刀切式封杀、反对"种草"带货,恰恰相反,消费者们更需要的是,在新消费的趋势下监管者和从业者一起筑牢保护消费者权益的合法合规篱笆,使得消费者在被"种草"的过程中,能够更无后顾之忧地"买它"。

主播困在直播间里

自 2018 年直播电商风起,到后来一批主播崭露头角,再到主播补税风波,再后来,一批新头部主播崛起,在这片热钱和流量流淌的互联网"应许之地",在从无人区与蛮荒走向王国与秩序的征途上,市场内和市场外的纷争从未真正意义上休止。

主播的身份焦虑

自直播以来,围绕主播的话题层出不穷,虽然主播在直播间起到引导用户消费的作用,但在直播间里真正能够影响用户心智的,还是"全网最低价"的策略——"9.9 元包邮"曾经成就了主播们,现在也困住了他们。

另一边吸引那些对价格不算敏感、对品质有更高要求的用户的主播们,随着他们影响力的不断增长,用户基本盘同样也发生了变化,而主播们显然没有真正考虑好如何面对大众。那些看不见但很重要的道德和情感红线,恰恰可能是影响主播们生死存亡的"命门"所在。

二者并非没有共通的焦虑。"欲戴皇冠必承其重",当直播间成为我们这个时代的一个极大的公共场域,可以预期的是,未来缠绕在主播们身上的红线将会越来越多。

直播间的"命门"

人类历史上,在法律允许的范围内,应该从未出现过像直播这样的产业:它的崛起速度如此之快、门槛又是如此之低、天花板却如此之高,以至于素人能够在短短数年间成为现象级风云人物,实现财务的充分自由和阶层的巨大跃迁。

这是属于普通人的巨大胜利,也是经济高速增长所带来的阶层流通红利。但我们不得不承认,随着经济增长承压、人口红利见顶,这种机会正在越来越稀缺。这也是"躺平"文学会成为年轻人主流叙事的原因之一。

只是,这个现存不多的向普通人开放的高红利行业,随着更多人加入,也变得越来越卷,机会越来越稀缺,那些率先走到风口浪尖的主播们,必然要面临更多人的全方位拷问。

哪怕退一步从商业的角度来看,即便是对于平台方来说,深度绑定某一两位头部主播,也算不上一件好事。

因此,无论从哪个角度来看,头部主播们未来面临越来越多的困境和挑战,将会是大概率事件。

根据中国互联网络信息中心公布的数据,截至2023年6月,我国网民规模达10.79亿人,较2022年12月增长1109万人,互联网普及率达到了76.4%。

但这片美丽新世界里的玩家们,终究也需要回到现实。对于直播产业来说,被规训的时刻其实早就已经到来了。在风暴之中尽快完成自我的调整和学习、真正理解主播的定位,对于那些头部玩家来说,将会是比追逐流量和销售额更重要的事情。

电商与实体,共识是什么

就在 2023 年的"双十一"各大电商已经打响了第一枪之后,一则匪夷所思的传言吸引了大家的目光:直播电商将在杭州被关停。当然,这一传言很快就被杭州官方辟谣。

2023 年 10 月电商与实体商业的矛盾集中体现在电商平台、头部主播、品牌商间的年度消费混战。在多年的电商冲击下,电商抢夺实体商业的生意其实已经不是什么新鲜话题了。但在 2023 年这样一个前所未有的全平台卷低价的大战时刻,矛盾无疑被进一步激化了。这两年,经济正在面临着较大的下行压力,而其中尤以实体商业为甚。

于是,我们能够看到各种各样的问题出现:品牌商与平台之间、平台与平台之间、平台与主播之间,谁能拿到最低价、拿什么支撑最低价,都是极为复杂的生态博弈。而随着直播电商再一次被整体置于实体商业的对立面,这场本就涉及多方的大战,局势被进一步复杂化。

但无论牵涉的商业主体有多少,一个基本的共识应该是清晰的:电商对于实体商业的影响确实正在发生,但这种矛盾,不会也不可能通过关停直播电商乃至整个电商就可以解决。这种粗暴的"一刀切"的思路不仅违背了产业和技术发展的客观规律,同样也没有任何现实的可操作性。

从电商到直播电商,本质是零售产业效率不断提升的过程。经常有人把头部主播一天的销售额与A股上市公司的年营收相提并论。主播带货销售额确实惊人,但不能否认,这是生产效率提升的大趋势,是互联网技术对零售行业的改造。

当然争议的焦点其实并不在产业本身。而是很多人认为,头部主播所产生的就业机会和社会福利,远远少于那些被他们替代的实体商业。

这同样是狭隘的想法。火车和汽车出现的时候,对于人力车夫和马车夫来说也意味着巨大的就业冲击。一辆火车能够搭载的客流,可能是以前马车的几千倍,这也意味着有成千上万的马车夫会因为火车的出现而失业。但我们可以就此叫停火车的运行吗？任何有基本常识的人都知道,显然是不能的——因为按照这个逻辑类推,人类就需要倒退回原始社会。

而且,那些呼吁取缔直播电商的人可能不会想到,直播电商其实已经是上一轮技术红利周期遗留的不多的还可以对普通人开放、具有上升机会的行业了。因为它的出现,普通人才有可能在短短数年里,从一无所有跃升成为财富自由的人群。

回到产业本身,我们必须直面技术和商业模式改变所带来的冲击,这并不意味着我们就没有办法去缓解这种产业转型所带来的阵痛。其中一个方式就是,对以直播电商为代表的新产业明确商业伦理和规则的界限。

直播电商以人类历史上少有的速度快速崛起,一定程度上,它是过去十年互联网电商的一种极致化呈现。而在这个过程中,确实存在着很多踩法律红线、打监管盲区的行为,比如此前电商平台存在的"二选一"、不正当竞争等等。面对这些问题,需要的是进一步完善平台监管和补齐法律漏洞。

要缓解直播电商产业对实体商业的冲击，解药还须回到实体商业本身去寻找。能不能降低店铺的租金成本、能不能对消费趋势有更精准的洞察、能不能打出与电商不同的差异化竞争力，这些都应该是比加不加入"双十一"价格大战更需要认真思考的问题，而不是把全部希望寄托于强制力量的介入。

说到底，尽管技术不断迭代，但商业的常识其实一直没有变：能不能理解消费者到底想要什么，才是决定生意好坏的核心所在。

重要的不是价格战

2023年的"618",被外界认为可能是中国电商史上最惨烈的价格大战,随后的"双十一",更是在极致低价的道路上一路狂奔。

而从平台来看,比如对于京东而言,重返低价策略被反复强调;而对于阿里巴巴来说,在经历了近年来最为声势浩大的组织架构调整之后,"618"前夕的淘宝首页"C位"已经变为新频道"淘宝好价",下面则是紧跟"618"大促的"淘宝好价节"。

至于本就是从"五环外"生长起来的拼多多,持续的百亿补贴使其在过去的财报中获得了快速的业绩增长。后起之秀抖音商城,同样把"价格力"设为核心战略。

很显然,在当下这一经济周期的新阶段,在消费数据短时间内难以出现大幅提振的情况下,这种选择无可厚非。在一定程度上,这足以证明电商行业恰恰是经济版图中竞争最为充分的领域,对于市场冷暖和需求信号的敏锐捕捉,使得他们在短时间内都快速作出了类似的抉择。

但"卷低价"只是故事的表面。在这种情况下,真正重要的已经不是价格战,而是在面对一个全新的市场环境时,曾经在不同版图完成平台价值"卡位"的电商们,应当如何重新定位自己的角色。

除了内需复苏波动所带来的不确定性之外,从中长期看,电商的挑战源于流量红利的退潮。而这一次阿里组织架构分拆的重要版图"淘天"尤为明显:淘宝天猫在率先触及 10 亿国内消费者的天花板后,规模已经趋于稳定。在如今的这种境况之下,其实无论是"618"还是"双十一",相比于前些年对于交易额增量的追逐,这样的数据显然已经不再那么重要了,新的增量来源不再是新的用户,而是如何维系用户黏性,提升使用时长、交易频次乃至消费总额。

对于环境变化嗅觉最为敏锐的一众电商巨头已经率先认识到,存量竞争的时代已经到来,当创造新的蛋糕

2 产业转向

开始越来越难,接下来更为关键的,是如何在存量中寻找确定性增长。而从这个角度来看,对于平台来说,价格固然重要,但无限压缩商家利润空间、无法创造增量价值的价格战是没有太大意义的。如何为用户提供更丰富的商品、如何激发商家"卷产品力"的动力可能才是未来真正的"胜负手"所在。

刘强东在 2022 年 11 月的京东内部培训会上确立"低价战略"为京东零售当下的"一号工程"。从诸多报道中也能够看到,京东的低价战略,其中的重心之一就是推动第三方的平台开放计划(platform open plan,POP)中小商家的入驻。

淘宝天猫对"低价"的态度更明确,并且提出了更清晰的未来路线:做繁荣生态。在一次对外交流中,戴珊就曾经明确指出,"不打恶性价格战"。在她看来"一味通过高投入去卷低质量的增长并不是最优解。"包括"淘宝好价",既有工厂直销的平价商品,也有精选类目,并非聚焦"全网最低价"。而从戴珊接掌"淘天"以来,快节奏地设立中小企业发展中心,一再强调生态的价值,加码首页推流、内容化,加上这次面向中小商家的好价频道和"好价节",目的都是让身段灵活、独具创造力的中小商家跑出来。这是阿里系电商的解题思路:激活中小商家,从而激活电商生态的活力。这种选择或许也是由企业基因所决定,早在创业之时,"让天下没有难做的生意"的顾客对顾客电子商务(consumer to consumer, C2C)模式是阿里当初能够跑通电商的关键。而如今,消费市场更加成熟、细分,构建让品牌与中小商家都能找到确定性进阶路径的生态,则显得至关重要。

今天的我们似乎又回到了最初的出发点。在更为严酷的环境中逐鹿,电商游戏的下半场,其实才刚刚开始。当然这未必是件坏事,当冬天到来,以往身处金字塔尖的巨头们同样需要在全新的荒野求生,它们的战略转变,无疑将会再一次搅动电商平台的市场格局。

3

数字文化

反对"流量即正义"

流量——这一曾经被用来判断物理世界事物变化的边缘技术名词,却在互联网时代进入了公共话语舞台的中央。

在网络的发酵下,生活中的闹剧将会持续以各种"鬼畜"段子的形式不断次生发酵,就会产生流量人物。但是人们在津津乐道网络上的"经典语录"时,闹剧本身的对错反而被消解。

在粉丝经济、注意力经济大行其道的时代,流量几乎成为评判成功与否的唯一标准。流量明星左右着综艺影视、流量话题造就的热搜影响着公共话题,而如今一些审丑闹剧持续占据公共关注资源,需要进一步追问的是,聚集流量的平台是否应当为流量的去向负责?

这些年来,各行各业都苦"流量"久矣。从明星粉丝养号激怒图书编辑,到更早的明星上不了"超话"的争议,娱乐圈的流量与非流量暗战其实从未停止过。当流量成为唯一的标准,乃至于人们逐渐发现在公共社交平台上越来越无法与催生流量的粉丝们沟通时,公共话语的空间也就随之出现了"塌房"。

当然,这种流量正确、流量至上的倾向并不只出现在娱乐领域。互联网企业的商业模式,几乎都是围绕着流量的获取和变现展开的。而这几年来,互联网的创业思路,更是加速往"先把流量吸过来,随后再考虑变现的问题"方向行进,这也就导致了互联网流量的争夺以"烧钱"为前提。这一方面造成一批流量型公司的快速诞生和死亡,无论是已然悄无声息的 ofo 小黄车还是深陷造假泥潭的瑞幸,都是其中代表;另一方面,当为了流量的"烧钱"行为不可持续之时,最后不可避免的往往是向巨头求救站队,这也进一步加剧了流量汇聚在巨头手里的速度,形成了新的"流量垄断"。

也正因此,如何做好流量这门生意,就成为所有互联网平台的核心业务,所以即使是以小众文化平台特色而成功的 B 站,同样需要通过现象级的事件来完成向公域流量的"出圈"。一些全民热点话题，无疑是流量商业的最好载体。只是，B站没有意识到的是，流量同样需要在公序良俗的基本范围之内：我们固然愿意看到正能量的审美传播，"甜野男孩"通过互联网平台的偶然出圈，唤醒的是人们对于真善美的热情；但如果招摇撞骗也能够通过流量获取全民关注，造假者甚至还能够从中获取流量的红利，那么为其推波助澜的平台同样也不能独善其身。

"科技向善"口号的提出者保罗·米勒写道："希望确保技术公司专注于回馈世界，而不仅仅是占领我们的屏幕时间。"二十多年前，流传着一句话：我们知道2000年以后我们会赚钱，可我们不知道现在应该做什么。

二十余年后，在中国互联网公司已然组成全球最为活跃的互联网商业群的今天，需要反思的是，当我们知道如何赚钱之后，或许还要知道应该不做什么。

"996":被揭开画皮的时代焦虑

"你知道凌晨4点的洛杉矶是什么样子吗?我见过每天凌晨洛杉矶的样子。"

如果我们要寻找互联网时代经典、传播广泛的心灵鸡汤,篮球巨星科比在回答记者"为什么能够成功"时所说的话,恐怕能够排在前三名。它具有一份成功鸡汤所具备的一切要素:来自全球巨星、超出人们想象的勤奋,甚至有一丝慷慨悲歌的奇妙美感。这份鸡汤如此深入人心,以至于它被挂在了许多创业公司的办公室里,成为从硅谷到中关村全球奋斗者的新座右铭。

而在中文互联网的情境里,我们对于这样的句式已经太过熟悉,"××大厦深夜依然灯火通明,比你优秀的人比你还努力。"

3 数字文化

在经济高速增长、资本无处不在、技术最初的红利依然有待挖掘的情况下,许多公司以不菲的收入和伟大的梦想作为交易,换来的是全员"996"的工作状态——所谓"996",指的是早上9点上班,晚上9点下班,一周工作6天。这样的工作制度密集出现在互联网行业,从巨头到独角兽,这甚至一度是他们的标签,代表着实行"996"的公司正经历快速的发展,员工正保持着昂扬的斗志。

这是一段全员挖矿时期,"北上广"每个咖啡馆里都充满了言谈中动辄上千万项目的创业者们,他们看不起那些朝九晚五的人,更多地把目光放在了财富或想象中的财富上。

我们在经济上行周期见过太多这样的故事,"996"似乎是会传染的,从东京银座到上一轮科技泡沫破灭之前的硅谷,再到如今的中关村和松山湖。

只是,当资本的泡沫散去,技术生命周期也已然进入抛物线式的下行周期时,"996"的不可持续性就体现出来了。越来越多的事实证明,产品的创新性、运营方法的有效性、公司在全球市场的竞争力,都无法通过"996"解决。更重要的是,当资本进入寒冬,"996"

这一超越了人类生理底线的工作状态，在许多时候已经无法获得匹配的对价。

在加班文化备受争议、强调"奋斗者为本"的华为，在2018年所付出的对价是人均年薪60万起。而程序员们之所以在2019年开始被激怒而不是更久前，是因为那些仿效巨头实行"996"的公司们，既给不出相应的工资补偿，又没有梦想的加持。"员工离职，只有两个原因——钱没给到位，心里委屈了。"

从2018年末创业公司有赞宣布实行"996"，结果却陷入法律与道德的双重困境，到2019年程序员们在公开代码托管库GitHub社区里"揭竿而起"，如今的"科比鸡汤"已然堪比砒霜——"你见过洛杉矶凌晨4点的样子吗？""他已猝死于凌晨3点"。

除了"996"工作制有违劳动法之外，有人说，广泛推行的"996"，恰恰是中国互联网公司缺乏管理能力的一种体现。互联网作为产业发展的主流方向，很多细节上存在被误解的现象，比如"996"的标识意义被不断放大。但背后所掩盖的，往往是工作效率的低下和任务安排的不合理，甚至可能是竞争战略方向性的失调。

从这个角度来看，上一轮资本泡沫的破灭并不是坏事，互联网水底潜藏的礁石终于浮出水面。或许现在的我们需要的是另一份鸡汤来"解毒"：不要跑得太快，等一等灵魂。

直播间的底层焦虑

中国电商历史发展的关键节点有很多,但 2021 年一定是不可忽略的一个巨大转折时刻。

这一年,直播电商成为最大的风口。头部主播成为流量密码和造富机器、有的人靠直播带货还完巨额债务,有的人遭遇危机之后转型直播带货……尽管电商平台在这一年间遭受了反垄断的重挫,但这并不影响直播电商在巨头的平台上以惊人速度生长。

数字能够充分佐证以头部主播为代表的影响力:在 2021 年的"双十一"启动当天,10 月 20 日下午 2 点半至 10 月 21 日凌晨直播结束,在 12 小时多的直播中,头部主播的直播间观看总人数最高达 2.5 亿。同样令人震惊的是交易数额,直播数据分析平台红人点集的数据显示,最高累计交易额达 115.38 亿元。

这样的财富效应,不仅仅意味着头部主播的直播间已经能够挑战有十余年历史的"双十一",放在更广的视野来观察,我们会发现,这组数据碾压了4000家上市公司全年营收。

站在好的角度来看,这标志着一种全新的电商生态模式出现,也为人们购物提供了新的选择。

但与此同时,对于产业来说,全新的电商生态模式的出现也传递着一个新的信号——曾经以"去中心化"为显著特征的互联网电商,在颠覆了传统的实体零售业之后,正在重新回到中心化的销售模式。

不仅如此,这种中心化在进一步反噬原有的商业生态:品牌方与主播的"低价门"争议,正是这种直播间反噬的体现。这同时也进一步提出了更多的疑问:全新的电商生态模式的存在,是否已经涉嫌定价垄断?最初以全网最低价吸引消费者的卖点,会不会形成"拥流量而自重"的直播间不正当竞争?

表面上看,电商平台公司遭受了反垄断的监管重拳,用户对于电商购物的诸多不满也在日益累积,直播间主播正在抢夺"双十一"的风口,品牌方和直播间的争议也不断出现。自"新零售"以来,电商从未如2021

年一样遭到全方位无死角的重挫。但是,这仅仅只是当下在线消费的复杂商业图景中的一部分。

这些层出不穷的复杂问题的背后,其实还蕴藏着一个更深层次的底层逻辑:如果这些直播间只靠提升销售业绩而不需要创造生产价值就可以轻松打败中国优秀的上市公司们,而且他们所聚拢的巨额财富往往还能够巧妙地规避税务责任,那么未来谁还愿意投入实体经济和价值创造?

对于直播领域的税务稽查和处罚,也正是回应社会焦虑的一大举措。以直播间作为起点来看,这些年来互联网产业发生的诸多事件,其实都指向一个核心问题:作为借助数字技术兴起的新兴产业,它们的存在究竟是在创造财富,还是在阻碍公平?

以往互联网公司热衷秀出日活跃用户数量(DAU)、月活跃用户数量(MAU)以佐证它们惊人的商业影响力,但如今,这些数据同样可以充分证明,它们需要为其惊人的影响力匹配相应的社会责任。更为重要的是,这种社会责任不仅仅包括我们从表面上理解的促进社会公平、缩小贫富差距、保护未成年人等等,还涉及一个产业本身的合法性问题。

3 数字文化

自 2018 年中美贸易摩擦发生以来，芯片短缺、核心技术受困等问题的出现，暴露了这样一个事实：看起来数字惊人的互联网经济，并未改变我们核心技术领域遭到"卡脖子"的现实。

据清华大学全球产业研究院的研究，2021 年，中国互联网产业 40 家本土巨头，也不敌一个美国亚马逊。而这种市值的差距，即使再多几个头部主播，也是无法弥补的。不仅仅是因为亚马逊电商的成功，更重要的是亚马逊在云业务等尖端科技领域的引领地位。

如果我们站在这个视角看待直播电商的发展，也就能够更为清晰地预见直播电商产业未来的发展逻辑。

作为鼓励消费、促进内循环的重要通道，直播电商所激发的消费热情不能被忽视。直播电商模式意味着零售业的变革再进一步，而我们的供应链生态系统也需要不断根据市场的变化而调整乃至进化。但与此同时，直播间如何重塑"人货场"三者之间的关系，在为消费者打通渠道壁垒的同时，更好地寻求产品和消费的新连接模式，也是未来需要思考的命题。

当然，只有在依法依规的前提下，直播电商才能有可持续的发展。

流量变现,娱乐至死

"互联网+"时代最为典型的特征是信息过剩,由供应过剩而衍生的是注意力的严重稀缺。这也导致互联网创业者们想尽办法地争夺注意力资源,而注意力资源最为直接的表现就是流量。

不夸张地说,当下互联网商业殊途的努力方向,最终都同归到以获取流量和用户为核心。怎样在无限的信息中获取有限的注意力,这样的新供求关系正在成为"互联网+"时代的核心,甚至是唯一商业命题。

从这一角度来看,我们可以发现当下互联网混战都能由此溯源。流量变现商业模式不过两类:一是抢占底层入口成为基础设施,美团、滴滴持续不惜代价的跨界"火拼",争夺的无非就是生态入口;二是抢占顶端内容成为注意力消费品本身,通过大数据算法实现弯道超车的信息聚合分发平台。这两类都是力图通过争夺用户注意力来积累商业价值。

只不过,相比"美团、滴滴们"更为纯粹的生态"工具助手"属性,精神内容特别是娱乐内容消费对注意力具有更为直接的聚合力,这是"今日头条们"在流量竞争中的逆袭法宝。当然,这也成为导致其陷入监管风暴核心的原因。

当属于印刷文明的复杂的逻辑思维、冷静客观的描述等被新传播手段一一解构时,取而代之的是直白无聊的信息、情感泛滥的狂欢、即时分散的互动。大数据算法技术的应用进一步促进了这样的恶性循环——人们越追求刺激,所看到的标题就越耸人听闻。基本的社会伦理和底线被枉置,情绪化的内容在算法的导向下越来越多,用户的情绪也越来越容易被引导。

监管部门对这种过度追逐流量表现出警惕可以说是必然的。比如监管部门明确指出的内容低俗化倾向,部分信息分发平台并非不了解自家平台上低俗信息高发,但在技术至上的"不干预"式内容运营方式下,必然造成信息生产与分发泥沙俱下的无底线状态。

当然,不可否认,新兴的短视频平台对于普通人的生活记录和声音表达还是具有积极意义的。做饭的小窍门、化妆的"小心机"、宠物的欢乐互动，短视频平台纷纷转向记录生活的定位，在美好生活、消费升级的大语境下，其中依然潜藏巨大的商业潜力。正如法国学者利奥塔在反对"视觉化内容会带来娱乐化倾向"的观点时所说，技术进步使得普遍适用的宏大叙事失去效用后，具有有限性的"小叙事"将会繁荣，赋予人类新的意义价值。

但是，要如何把握住这种属于普通人的"小叙事"的边界，即避免不断趋于低俗化、娱乐化的倾向，同时抓住用户注意力，实现鱼与熊掌兼得，是摆在这一类互联网公司前行道路上的真正难题所在。

而从商业的角度观之，在一轮轮的监管风暴之下，对于此前互联网世界火热的内容创投生态来说，或许以往追逐的"流量变现"也迎来了自己更新的定义方向。来自腾讯的声音对于互联网从业者或许有相当的借鉴意义：在中国数字化进程中，腾讯希望做连接、零配件的角色，在现阶段，只做"连接""工具"和"生态"三件事。

中年危机与新"商业正确"

当"第一批 90 后已经秃了"接棒"1988 年的中年女子""拿着枸杞和保温杯的油腻中年男"成为刷屏句式的时候,现代社会与当下互联网时代人群对于年龄的焦虑愈发严重。

2017 年,频繁的中年程序员因公司裁员而跳楼自尽,引发无尽唏嘘;而与此同时,知名投资人"只投八零九零后"的判断,进一步撕裂了年龄所造就的代沟——无论你是选择"佛系",还是"道系",不可抗拒的年龄正在成为定义个人乃至公司未来的主导因素之一。

尽管他在随后改口称最得意的投资项目之一,恰恰是来源于一位 50 后的创业者。但是这依然无法掩盖资本的倾向:无论是公司还是投资人,和年轻人站在一起、为年轻人服务成为互联网时代的新"商业正确"。

一家本身就遭遇中年危机转型困难的公司,批量裁员是试图更新血液、断臂求生的方案之一,这是大多数公司在面对转型时选择的第一步。只不过不幸的是,当一家行至中年的公司遭遇同样面临中年困境的男性群体,这种绝望程度会被进一步放大。更为重要的是,这一切的背景音是,通信行业的"中年困境"或许才是造就悲剧的真正商业背景。

回到个人层面,当年轻时选择的行业正在越来越快地下沉,面对信息爆发、个人转型又受制于学习能力时,面对沉重的家庭负担,中年人唯一的救命稻草便是工作。

荣格是中年危机的最早定义者。他通过调查发现,人在35岁—40岁时将会陷入一种极度难熬的状态,他将其归纳为中年危机理论。其中关键的一点,就是指中年人面对新事物的适应能力下降的焦虑。

如果员工、公司、行业普遍陷入其中,对于需要敏锐捕捉风向的投资人来说,这一趋势只会更加明显。事实上,投资人在面对投资项目时的选择如此困惑,以至于靠的不全是专业的眼光,而是需要通过年龄标准来进行筛选,这未尝不是投资人正在遭遇中年危机的最好注解。

伴随着知识升级迭代速度越来越快,传统社会被解构的不仅仅是过往大家庭宗族式的生活方式,更是改变了的知识传递方式:以往师傅带学徒式的由老及幼经验式学习被渐次取代,年轻人对于新事物的掌握更快,对于新知识的学习能力更强,而这才是在信息洪流中对个体来说更为关键的要素。在新科技面前,发生更多的场景是老年人向年轻人学习适应新事物的方式。

但是,这样裹挟社会情绪所造就的新"商业正确",往往容易陷入拟态环境所造就的偏见之中,而这样的偏见会进一步作用于我们的现实生活之中。追逐年轻、追逐流量、追逐快商业,这一切又进一步导致年龄焦虑的进一步升级:90后已经自认为进入中年,新公司从崛起到年迈乃至死亡的时间越来越短,产业的风口持续时间甚至已经开始以月来计算。

作为一个心理学名词,"中年危机"所对应的更多是人的心态。但其实无论是人还是公司乃至产业,没有什么会永远保持年轻,这是无论如何都难以避免的规律。反观从世界到中国商业史上的那些百年企业和伟大企业家,他们应对中年危机的方式,依赖的更多是思维方式和管理方式的更深层次的创新,而不是简单粗暴的驱逐中老年人。

4

转型之路

数字化转型：无人区的探索者们

作为从业多年的财经媒体人，我在工作过程中经常被问及的一个问题是，大家都知道数字化转型是风口，那么有没有特别懂数字化转型的专家，或者有没有数字化转型做得特别好的企业模版可以复制、参考？

尽管在这一行从业多年，但如果你要我列举国内数字化转型最前沿的学者或研究者，我并不能像宏观经济领域的报道者那样为你如数家珍般列出一个个如雷贯耳的名字。不仅是因为这是一个对于企业实操经验要求极高的领域，更在于我发现，其实对于什么是数字化转型，在定义上我们就一直没有搞清楚。

从商学院毕业的人想必都会熟悉商学院课本上那些经典的先进实践，比如沃尔玛、丰田、可口可乐等等。他们数十年以来广为人知的供应链和生产系统难道没有数字化技术的参与吗？我觉得这个问题的答案无疑是否定的。

事实上从信息化开始之时，这些大企业从生产到营销的每一个环节，就已经开始数字化进程了。因此我认为所谓的"转型"概念甚至并不存在，对于企业来说，数字化应该是一个一以贯之的过程。只不过在这个智能技术开始大规模应用于数字生产领域的时刻，这一进程加快了。

对于大多数成长于20世纪90年代的中国企业来说，数字化转型更是一个伪命题。一家便利店主也许不需要企业资源计划（ERP），但他大概率会有一个收银系统，并且会通过各种数字化工具记录自己的存货、出货。至于我们当下所说的传统企业、工厂制造业之类，各种数字工具的应用早就已经开始了。

如果非要说转型的话，过去二十年对于中国企业来说，正在发生的应该是互联网转型——学会如何适应那个正在逐渐复刻并在探索超越现实世界的互联网世界。这也是我们需要强调"数度"重要性的地方，我们需要尽快转变自己的思维方式，以适应时代的变化。

现在每一个领域的人们都在把数字化转型放在口头

上，似乎不谈它就不够时髦、与世界脱节。但把工具作为主义来追求，对于企业来说未必是一件好事。它在一定程度上是舍本逐末的行为，数字化不是目的，甚至转型也同样不是目的，生存、发展以及增长才是——这一目标从没有变化过，也不会因为任何技术的变革而改变。

我并不是要否认数字化转型的存在，但其内涵一定要重新梳理。在人潮汹涌之外，我认为真正意义上的数字化转型，目前依然还是无人区的状态，因为它应该是一场从思维方式到行为方式的全流程社会革命。从微观看，它不仅仅是企业的"一把手工程"，更是"螺丝钉工程"。从中观看，它不仅仅需要企业家们的思维转型，还需要从管理者到员工，产业链上下游的整个思维方式转变。而从宏观来看，数字化转型是内涵更为丰富的宏大命题，需要在不断的制度改革和系统优化中形成新的共识。

无论一家企业的数字化系统设计多么精密先进，如果没有外部系统的配合、没有底层执行者真正意义上的技能知识（know-how），是落实不了的。生态的转型，才是真正意义上的数字化转型。

当然，在报道的过程中我们还是能够看到，已经有一批先行者在此探索，他们不只是大企业、大平台，也有创业者和中小企业，他们没有把技术视为目的，而是在试图用数字化技术来更好地实现自己的预期和目标。

尽管距离建立起一条可复制、可重复的规模化道路，还有非常遥远的距离，但好在征程已经开始。

华为如何走出数据沼泽

20多年前,当人类历史上最大的探天工程斯隆数字天空勘测开始的时候,它在新墨西哥的天文望远镜最初几周采集的数据便超过了天文史上所有累积数据的总和。

到了2010年,它的信息存档包含140TB(万亿字节)的信息。那一年,移动互联网浪潮刚刚开始席卷全球,数据的增长速度已比肩光速。

2020年,整个数字世界数据量达到了44ZB(十万亿亿字节)。这意味着我们所处的数字世界的字节数,是可观测的宇宙中恒星数量的40倍。

数据从未如此巨大,数据从未如此重要。

2020年,世界运转在"线上"。当我们已经进入尼葛洛庞帝所说的数字化生存状态之中,这个建构于比特之上的虚拟世界被华为数据管理部定义为我们身处物理世界的"孪生"世界。

对于那些在数字世界诞生之前就已经存在的公司来说,迈向数字化成为必须面对的挑战。

2020年,自我定位为"非数字原生企业"的华为,试图总结一条打通数据孤岛的华为道路。但这条路并非坦途,在华为董事、首席信息官(CIO)看来,要进行数据治理并不容易,"到今天为止,我们所做的也只能说'刚刚及格'。"

华为所谓的非数字原生企业,是指那些普遍有较长时间历史,组织架构和人员配置都围绕着线下业务开展,大都经历过信息化过程的企业。在很多制造企业中,甚至还保留着各个版本的 ERP 软件和各种不同类型的数据存储库,这使得这些企业从信息技术(IT)走向数据技术(DT)的历史包袱极为沉重。

华为的尝试也是由此开始。

华为探路

两百年前,奥斯卡·王尔德说,"如今几乎没有无用的信息,这真悲哀。"两百年后,世界彻底浸泡在数字的洪水里。而在商业齿轮的运转过程中,如何处理数据,也成为企业最大的挑战之一。

数据湖概念已存在多年。它最初引起了一些争议,但今天还是被通用为形容海量数据的关键词。而对应地,数据沼泽是一种设计不良、未充分归档或未有效维护的数据湖。这些缺陷损害了检索数据的能力,用户无法有效地分析和利用数据。

在华为数据管理部的专家看来,与互联网公司不同,非数字原生企业数字化转型是困难的,其典型特点是,在广阔的数据湖中出现数据孤岛,也就是"一类业务,一个IT系统,一个数据库"。

长此下去,数据湖就会慢慢变为数据沼泽。

华为企业架构与变革管理部部长认为,数字化转型,对于飞速发展的华为来说,相当于在高速路上换轮胎。"华为当时面临的局面是,存量的IT'烟囱'遍布各个业务但又支撑着海量的交易和分析,各种短期见效的数据搬家、自动化逐渐从帮手变成了帮凶,数据被私有化为各个业务部门的资产,'表哥表姐'为了实现数字化运营加班加点整理Excel(电子表格),高薪招聘来的数据科学家却因为没有数据而闲到离职。"

"通过3年的以数据治理为核心的数字化转型实践,华为给出了自己的答案。"在接受采访时,管理部专家说,他与同事们合力撰写的《华为数据之道》,系统讲述了华为数据治理和数字化转型的方法论和实践经验。

他们通过办公数字化,将华为公司全球15000块屏幕、9000间会议室、上千个开放区进行智能连接,员工通过华为云WeLink能够随时随地与全球任意一块屏幕、任意一个办公区进行实时协同。

今天,华为业务已经覆盖全球超过170个国家和地区,面对超过200个中心仓库、7.5万多条物流路径、每年170多万订单,数据处理成为其中必不可少的神经系统。一方面,根据华为方面提供的数据显示,通过数字化手段将确定性业务交给机器自动处理,全流程作业节点从18个降低至8个;另一方面,基于数据、算法,实现了不确定性业务的智能辅助、人机协同,过去物流装载方案主要依赖人工经验、人工调整,通过物流智能分析和模拟仿真应用,将装载准确率从30%提高到80%以上,效率提高50%,仅仅通过集装箱利用率的提升就节省了百万美元。

有人认为,这是华为业务重心调整的表现,华为希望以自身的数字化工作为案例,在云和企业服务两个较弱的业务领域寻得一些发展和突破。这种猜测并非空穴来风。

2021年1月底,华为发布了全球连接指数(GCI)2020报告,这是华为连续第七年发布该报告。这一报告首次提出行业数字化转型的五大阶段,分别是:任务效率、功能效率、系统效率、组织效率与敏捷、生态系统效率与韧性。

中国实践

在党的十九届四中全会公报中,首次提出"数据"可作为生产要素参与收益分配。决策层的判断其实也来源于企业的实践。在华为数据管理部眼中,数据成为企业的生产要素,将带来数据确权体系和数据市场基础设施建设的浪潮。

在数据管理部的专家看来,"数据是企业最重要的核心战略资产之一,因此在企业内要把数据管理上升到足够的高度,要按照战略资产管理的要求做好顶层设计，数据工作的目标应该成为企业层面的整体目标，而不应该是仅限于 IT 或数据专业部门的目标。"

华为的数据治理历程历经两个阶段。根据他们的介绍，第一阶段是在 2007 年到 2016 年。在这一阶段，华为设立了数据管理专业组织，建立了数据管理框架，任命了数据 owner（所有者）。通过统一的信息架构与标准，华为初步实现了业务的数字化、标准化。

但当中国的互联网产业和数字技术突飞猛进之时，局面也开始发生了转变。华为的数据管理第二阶段，是从 2017 年至今。在这一阶段，华为建设数据底座，汇聚企业全域数据并对数据进行连接，通过数据服务、数据地图、数据安全防护和隐私保护等，实现数据随需共享、安全透明等目标。

当工业时代的各种先进实践已经无法为数字时代的企业提供足够的模板支持时，对于中国企业来说，数字化是一次前无古人的全新尝试。

相比于以往的探索尚且有工业时代的路径参考，在新世界面前，即使是全球性的跨国巨头，也并未找到确定的答案。这是真正意义上的无人区，而华为只是其中的探路者之一。

对话

华为数据管理部 专家杜浩

战略资产的顶层设计

《数度》: 如果用关键词总结,你会为华为的数据治理选择什么词?为什么选择这些词?

杜浩: 数据管理是一个很庞大的体系,很难用几个词进行全面概括。如果从推动数据治理成功实践的角度,我认为有几个因素是至关重要的。

(1) 数据是企业战略资产。数据是企业最重要的核心战略资产之一,因此在企业内要把数据管理上升到足够的高度,要按照战略资产管理的要求做好顶层设计,数据工作的目标应该成为企业层面的整体目标,而不应该是仅限于IT或数据专业部门的目标。

（2）业务是数据"第一责任人"。数据绝不是IT人员或数据专业人员产生的，而是由业务定义和产生，因此业务永远是数据的"第一责任人"，所有的业务人员都同时承担着数据管理的责任，数据管理首先应该是业务的工作目标，数据专业人员是协助、支撑业务达成目标的。

（3）数据工作要对准业务价值。数据工作必须在企业经营/运营活动中发挥价值，不对准企业战略诉求、不解决企业自身痛点的数据工作是不可持续的，也无法获得业务部门的认可及深度参与，因此每一项具体数据举措、工作都应该聚焦业务价值和业务痛点，数据工作的成果应该以业务诉求的满足程度、业务痛点的解决程度来作为衡量标准，例如华为的所有数据变革攻关项目都严格地基于业务痛点解决量化指标，只有这样数据工作才能持续，数据组织才有生命力。

（4）要建立权威的管控机制。数据治理工作往往是"三分靠建设，七分靠运营"，要避免数据治理成为运动式行为，确保数据治理成果能够"长治久安"，就必须建立权威的管控机制。通过全面、权威、可落地的管控，确保所有建设工作真正对准既定工作目标前行而不发生偏移，确保在运营过程中得到遵从。例如每一个新的数据资产在产生时，都应该符合相应的架构建设及生命周期管理规范，如果存在不满足要求的数据资产，就不能够进入企业正式经营和运营管道中。

《数度》： 你认为数据是万能的吗？我们是否能够这样理解，在数字化时代，数据治理能力已经成为企业的基础竞争力？

杜浩： 没有任何东西是万能的，数据只是支撑企业健康发展的关键要素之一。

但数据管理能力确实已经成为一种企业竞争力，甚至是核心竞争力。企业自身管理离不开数据，数据管理水平会直接影响企业内外部运作效率。我们很难想象一个企业的数据不准确、不及时，数据之间无法高效流转，而企业各个业务环节却无比高效、协同顺畅，这种场景在现实世界是不可能发生的。数据的低效必然带来业务的低效，反之数据的"清洁"高效必然会对企业经营和运营的各种行为带来极大的正向支撑。

随着数字技术的成熟和内外部环境的变化，数字化转型成为企业"必答题"，数据作为企业数字化转型的关键驱动力，必然要发挥更重要的价值。中央相关文件也强调要实现决策科学化、治理精准化、公共服务高效化，同时提出善于获取数据、分析数据、运用数据，是领导干部做好工作的基本功，这都表明了数据的重要作用。

数字时代的企业管理

《数度》： 在探索解决方案的过程中，你们是否发生过意见的分歧？是如何解决的？

杜浩： 数据工作要真正发挥价值，就绝不会仅仅是对技术或IT层面的改进，而是利用数据对企业业务模式进行改变及优化，甚至可能会对企业生产力和生产关系产生影响。这样一来，在数据工作的推进中就必然会存在大量争议和分歧。而在华为的数据工作中，为了确保这些数据举措目标的达成，我们采取了一系列手段来对各种争议和分歧进行有效的管理。

首先应该在企业层面建立统一的目标和工作框架，并在整个公司层面形成共识。华为在开展每一项重要的关键变革举措前，都会先制订整体目标及框架，对所要进行的变革的必要性进行充分的讨论，对所要达成的目标进行框架设计。这种目标和框架会综合企业/部门业务战略、企业变革发展战略、行业最先进实践、企业当前问题和痛点等多种因素进行综合设计，并在相应的管理平台/委员会上正式确定发布。通过这种统一设计，确保整个公司充分理解和认可变革的方向，并在最大范围内就达成目标的过程与方法形成了共识，避免了在后续推进过程中出现争议和反复。

其次各项具体工作和举措要对准业务需求和痛点，能够真正帮业务解决问题。每个业务单元都有自身工作目标和压力，各种变革工作都需要各业务单元额外付出精力和成本，因此每项具体举措一定是要贴合业务实际的，例如华为在开展数据治理工作时成立了七个数据攻关组，就是对准当时流通和传递最不通畅、需要业务额外付出大量精力、作业效率最低的七类数据，由于这些举措真正对准业务痛点，各个业务环节才会高度配合，才能保证变革举措正常推进。

《数度》： 面对传统企业管理中存在的诸多问题，数据能够改变什么？

杜浩： 数据能够在两个层面帮助企业，在企业当前业务模式不发生大的变化下，帮助企业提高效率、减少不必要的人力/物力资源浪费。在轻度变革层面，通过数据质量的提升进一步提高企业业务质量、确保上游业务能够满足下游环节需要。因为数据的及时、准确、完整、一致、有效、唯一，本身就意味着产生这些数据的业务环节是高效、低成本、高质量的；通过对数据流的梳理、贯通，有效地提高业务流转的效率。例如华为公司通过对产品配置数据的打通，极大地减少了人工进行配置处理/转换的环节。

在企业深度变革层面，尤其是企业数字化转型变革中，数据是关键驱动力。数字化转型就是利用数字技术来优化企业业务运作或创建新的业务模式，因此数据能够发挥前所未有的价值。例如华为通过数字化办公，创建以员工体验为核心的、全方位的连接与协同，这种连接和协同就是让数据跨越地理障碍、组织障碍、IT平台工具障碍，实时地传递到所有需要者手中。

向数字化进发

《数度》： 如何理解数字化转型？对于华为来说，

是从什么转向什么?

杜浩: 企业数字化转型的一个重要标志,就是在"数字世界"中对企业业务模式、内部运作、生态协同进行全新设计和实际开展。而数据正是构成"数字世界"的最关键要素,围绕数据的定义,对数据的产生、存储、连接、共享消费、安全防护与隐私保护等能力,是"数字世界"能够运行并发挥作用的关键。

我们将企业数字化转型定义为利用数字技术来优化企业业务运作或创建新的业务模式,以提升企业竞争力的过程。总体而言企业可以围绕三大价值点开展数字化转型,以支撑企业主业成功为目标,提升体验与效率,进而通过模式创新实现新的增长。

体验提升:有别于传统的线下方式,通过数字化手段极大丰富企业与客户的触点,简化实现客户接触的中间过程;提供更有针对性的客户体验,提升客户满意度;通过数字化技术增强营销的覆盖度和精准度,更有效地支撑企业营收增长。

效率提升:引入数字技术提升研发、采购、制造、物流、交付等全场景、全链条的作业效率;同时通过数字化手段确保运营全过程透明,更好地通过数据驱动和支撑业务快速精准决策。

模式创新:通过数字化能力的创新,为企业带来新的数字业务机会;对企业生态组织边界进行重塑,整个生态伙伴以数字化方式更广泛、更深入地融入企业创新圈中,极大地提升产业内企业间的协同水平。

《数度》: 在你看来,对于其他的非数字原生企业来说,华为的数字化转型探路中可以借鉴的经验是什么?

杜浩: 首先,内外部环境变化决定了,企业数字化转型是"必答题"。当今企业所处环境和面临的问题,与过去相比发生了很大变化,过去几次工业革命带来的技术进步,使企业效率得到了极大的提升,但同时"鲍莫尔成本病"也一直伴随着企业。企业运营成本持续升高,企业效率提升的势头却越来越显著下降;同时外部的挑战因素也越来越大,各个传统行业都面临大量"搅局者",因此数字化转型已经是企业必须面对和解决的课题。

企业数字化转型是一场全新变革,要从意识、组织、文化等各个方面进行转变。用什么技术实现数字化转型是手段而不是目的,我们需要回归到转型的初心上来。华为开展数字化转型，首先是以客户为中心，提升客户体验，并为客户带来新的、更大的价值。

企业数字化转型需要做好整体设计。华为从2016年正式启动数字化转型变革，并由公司牵头各业务领域进行了数字化转型整体规划，整个公司就规划蓝图形成了普遍共识，厘清了工作目标和工作思路，确保了整个数字化转型工作不走样、不变形。同时明确了"数字化转型"成为公司唯一的变革主题，并基于这个变革目标孵化了一系列涉及研发、销售、供应、交付等方面的变革项目，确保了整个企业的精力能够高度聚焦、不把力量耗散在非关键战场。

企业数字化转型要打好基础，找准突破点。对于非数字原生企业来说，它们大都经历了传统"信息化"过程，在信息化建设的过程中也随之建立起一整套流程、数据、IT，这些都是企业进行数字化的基石，应该管理好、使用好。同时数字化转型道路确实曲折而漫长，很容易在艰难的推进中失去前进的耐心和勇气，因此一定要从解决企业的现实问题入手，找准突破口，以点带面；要在方向大致正确的前提下，坚持持续地创新和优化，并以快速的迭代来应对变化。

阿里云解局"数字化焦虑"

当云市场成为炙手可热的互联网业务新增长点时,许多人还记得 2010 年互联网大佬们关于云计算是否有未来的争议。

在经历了 2020 年的疫情冲击之后,已经没有人会质疑云计算的价值。数字不会说谎——阿里财报显示,阿里云在 2020 年第四季度营收达到 161 亿元人民币,同比增长 50%。这是阿里云自 2009 年成立以来,首次实现盈利。

世界加速奔向数字化生存同时产生的,是对云计算需求的指数级增长。数字化转型如此迫切,以至于在各个行业都弥漫着数字化焦虑。作为数字化转型的底层基础设施,"含云量"甚至被认为意味着数字化转型的程度。阿里云是中国云市场的领军者,作为一位老"阿里云",张瑞经历了阿里云和阿里数字化的进程,在他看来,我们今天说"数字化转型",真的把很多事情说小了。回到人类科技发展的历史中去看,其实有很多重大的标志性历史事件,数字化一定是其中之一。

数字化焦虑

如果要给近几年来的商业热门词汇排名,"数字化转型"一定会位于榜单前几位;特别是当疫情席卷而来,人们不得不更加依赖云端技术建构的数字化生存工具;在各行各业中,数字化转型被更加频繁地提出,它是如此正确,以至于似乎如果不进行数字化转型,就会被时代甩在后面。

在判断工业时代的经济发展状况时,人们会选用用电量这一类指标。而有人说,在数字经济时代,"用云量"将会如用电量一样,与数字经济规模显著正相关。

云计算的技术能力是数字化的底层动力所在。作为一种新的IT基础设施,云在未来如同"水、电、网"一样重要,它成为企业组织架构搭建的重要工具,承载着企业的核心经营数据，更是所有企业未来竞争力的关键所在。但一个不可否认的现实是，对于这些领域，大多数企业还是存在技术盲区。

根据埃森哲公布的《技术展望2021》报告，疫情加大了企业数字化差距，领军企业基于强大的数字核心能力可以迅速适应市场需求并展开创新，其营收增幅已是后进企业的五倍；而在2015年至2018年，两者之间的差距仅为两倍。

相关调查数据显示，至2019年，有90％左右的中小企业面临"数字焦虑"。他们想要拥抱数字经济，或因技术革新太快难以选择；或预算有限，无法估算投入产出比；或担忧移动安全；或缺乏数字技能，故而犹豫不决。而经过2020年的疫情考验，这种焦虑很多时候已经不只是发展问题，而是生与死的考验。

即使是成功如美的，同样面临着数字化的考验，美的董事长方洪波在2021年的采访中谈到，"数字化每年投几十亿，看不见结果我也焦虑。"

在接受《数度》专访时，阿里云智能交付技术部总经理张瑞提出，从当下的流行趋势来看，对于数字化转型的热衷背后，真正的情绪是对于数字化转型的焦虑。

张瑞认为之所以会焦虑，是因为只看到了"转型"，而忽略了它的核心本质——"数字化"。

张瑞是阿里云成长过程中的无数推动者之一，他和他的队友们被外界称为"数据侠客"；从最早的数据库工程师，到后来成为"双十一"背后的技术保障"总队长"，再到如今深入数字化项目一线，他"见证了零点交易数字的一次次提升，也见证了背后数据库技术的一次次突破"。

对于数字化，张瑞非常认同当年阿里云的掌门人、如今中国工程院院士王坚的观点："应该把数字化放在一个跟电气化等同的历史关头来考虑。"张瑞认为，"转型这个词，把数字化给说小了。"

从去 IOE 开始

在数字化探索中，阿里云是不可否认的市场领先者。在近几年的全球云计算巨头排名中，除了亚马逊 AWS 和微软 Azure，阿里云和谷歌一直在争夺第三把交椅；而在亚太市场，阿里云的市场份额一直处于遥遥领先地位。

即使是领先者阿里,在面对数字化时,也曾同样经历了从焦虑到确定的过程。

时间拉回 2008 年,尽管那一年中国的网民数量已经接近 3 亿人,一批互联网巨头也已经具备相当的规模。但当年面临的问题,比今天我们所追问的"缺芯"更加严峻——最核心的应用都依赖国外商业公司的数据库和中间件来打造。

对于包括阿里在内的中国所有大型互联网公司来说,购买国外成熟的设备和系统,几乎是唯一的选择。大型公司对 IOE 产生了极大的依赖:所谓 IOE,是传统 IT 三大件——以 IBM、Oracle、EMC(美国易安信公司)为代表的小型机、集中式数据库和高端存储的技术架构。

只是,面对淘宝上日益增长的数据量,IOE 所提供的设备和系统已经无法满足天量的数据存储交互需求;越来越频繁的宕机,只能等待 IOE 的工程师从万里之外飞来维修的窘境,迫使包括张瑞在内的阿里工程师们寻找"第三条道路"。

当我们开始不断强调自主可控的重要性时,2008 年,阿里就已经提出了"去 IOE"战略,组建团队,自主研发超大规模通用计算操作系统"飞天"。而所谓"去 IOE",是指摆脱掉对 IT 部署中原有的 IBM 小型机、Oracle 数据库以及 EMC 存储的过度依赖,替换以自研可控的软硬件系统。

"去 IOE"战略只是阿里众多技术进化的一部分,但"去 IOE"彻底改变了阿里集团 IT 架构的基础,是阿里拥抱云计算、产出计算服务的基础。它的本质是分布化,让随处可以买到的 Commodity PC(可替换 PC)架构成为可能,是云计算能够落地的首要条件。

到 2013 年 7 月 10 日,淘宝重中之重的广告系统使用的 Oracle 数据库下线,这也是整个淘宝使用的最后一个 Oracle 数据库。从 2008 年阿里提出"去 IOE"口号后历时 5 年,阿里内部完全不再使用 IBM 小型机、Oracle 数据库、EMC 存储设备。

阿里数据库发展历史一般被分为三个阶段,分别是:第一阶段(2005~2009 年)商业数据库时代,第二阶段(2010~2015 年)开源数据库时代,第三阶段(2016 年至今)自研数据库时代。

从 2008 年"飞天团队"正式组建算起,阿里云到今天已经度过了 16 个年头。相比创立初年的巨额投入却难见回报的质疑和争议，今天阿里云对于阿里来说已经不可或缺。到了 2019 年，阿里云智能总裁张建锋提出整个阿里巴巴"All in cloud（全站云化）"的战略升级，阿里巴巴成为"云上的阿里巴巴"；在阿里巴巴集团 CEO 张勇为商业世界数字化转型所提供的"商业操作系统"解决方案中，阿里云是这一生态的技术底层。

阿里云对外输出的数字化技术，也正是在这个过程中沉淀下来的。

前往数字世界

如果说阿里曾经历的数字化焦虑更多集中在硬件系统从"舶来"到"自主"的革命上，那么对于更多的企业来说，向数字化进发，是从工业化到数字化的时代变迁，它们数字化的故事才刚刚开始。

如今企业在数字化过程中所面临的一大挑战是，信息系统不再是一个简单的业务流问题，还有数据流，还要移动化，还要用人工智能的办法来处理大数据，这些都是以前的信息系统没有遇到过的。也就是说，企业数字化转型，并不是简单采购一个数字化软件或工具，它需要通盘考虑整体企业数字化业务的流程，甚至是对于企业内部自身的组织架构，都要进行相应的调整。

阿里云智能总裁张建锋认为，在组织及管理层面，数字化驱动内部的流程、决策、组织设计、绩效管理更科学更高效；在业务层面，数字化驱动端到端的业务环节运作效率提升，加速融合与协作；在数字创造新产品及价值层面，数字化提供更多新赛道的可能性，降低试错和更新换代的成本，加速新业务孵化。

以近年来的转型明星公司波司登为例，2020 年 4 月，波司登数据中台正式启动。对于波司登来说，他们迫切地需要知道消费者是谁，消费者的画像是什么样的，如何发掘潜在客户，如何沉淀企业数据，这些挑战都摆在这家试图将品牌年轻化的中国公司面前。

借助数据中台，波司登打通了全渠道数据，沉淀了企业一方的数据资产，并以数据赋能消费者研究、商品企划、商渠匹配、产销协同、商品智能运营等业务场景。约一年后，波司登给阿里云写了一封感谢信："数据中台有效保障大促期间支撑业务目标实现。中台精准营销场景引导成交金额、全店成交占比及投入产出比持续提升……调补货效率提升 60%；销售预测准确率达 70%。"

帮助企业走向数字化的过程让张瑞乐在其中。他认为这是一个全新的体验,在与企业的接触过程中,他看到了许多有想法的企业家,"我们今天完全没必要去夸大数字化的焦虑感,我们主要就是提供好在云上的技术服务、解决方案以及后续的技术服务保障,让企业能更有自信去做想做的事情。"

对话
华为数据管理部 专家张瑞

《数度》：你是如何理解数字化转型的？

张瑞：我们今天说"数字化转型"，真的把很多事情说小了。回到人类科技发展的历史中去看，有很多重大的标志性历史事件，数字化一定是其中之一。

王坚院士把数字化与电气化相比较，是因为电气化是整个人类在科技发展过程中非常大的变革。有了电气化，电就变成了基础设施，驱动了后面的第二次工业革命以及信息产业浪潮。

在数字化过程中，数据是不是万能的？不是。但是如果我们进入了数字时代，一个企业完成了数字化建设，那么数据一定是他最重要的生产要素。

所以当数据变成生产要素，世界会变成什么？物联网（IoT）、设备、人、组织、销售等产生的各种各样的数据，经过加工、梳理、计算之后，可以帮助整个企业进行决策，所以它真的会变成数字经济时代的生产要素，并且可能是最重要的生产要素之一。

王坚院士提到一个观点，他说中国也许是这个世界上第一个能完成数字化建设的国家，因为中国具备了一切的基础、条件。今天我们说数字化，不是做一个个项目，不是帮一个个企业做所谓的数字化转型。其实我们都在参与建设，助力中国成为全世界第一个完成数字化建设的国家。

《数度》： 阿里的数字化建设经验，对于其他公司来说是否有可以借鉴的地方？

张瑞： 本质上来说，不能为了数字化而数字化，数字化必须围绕业务目标展开，从企业应该要做什么倒推怎么样决策更快、组织更联动、基础设施更有弹性。

阿里的数字化建设让我印象深刻的是，业务和技术事实上是紧密结合的，是背靠背的关系。

"双十一"就是业务上的不断突破驱动技术创新，技术创新又反向推动业务快速前行。举个例子，我们每年"双十一"的指挥大屏就是一个数字化呈现，这个数字大屏上呈现的内容，从最开始非常简单、零散、片面的信息逐步完善，到现在以秒计的全盘信息展示，能够帮助业务部门形成全局的认知。如果之前我们没有通过统一组织建设中台，没有把所有数据放在一起，没有底层的阿里云算力支持，这个数字化过程是不可能发生的。在这个过程中，我们解放了开发人员和业务人员，让业务团队不受技术的束缚，让运营团队、管理层把握瞬息万变的变化，让他们有更多的精力专注在擅长的事情上。

不管是阿里巴巴过去做的技术创新，还是阿里巴巴自己的数字化过程，其实是让组织和组织里面每个人的效率更高，让每一个技术人员的能力更强，从而使得整个企业和组织变得更有活力、更有效率，让每个人产生了自驱力。

有了这样的循环，才有了现在的"双十一"：从飞天系统、大数据处理平台到智能化应用，这些技术叠加起来打造了一个新的分布式的基于云的平台，才使得阿里整个经济体所有核心应用都能够跑在上面。

而今天，我们在做的正是把这些东西向全社会输出。

在我看来，阿里云的逻辑就是帮助客户进行以终为始的思考，找到客户的需求。把我们过去积累的技术能力、产品能力，以及应用能力，输出到客户的具体场景中，与客户在一起思考、探索，帮助其解决业务痛点。

同时，探索更智能、更高效的协作关系、生产方式，阿里的经验也不是一蹴而就的，我们也会遇到很多新的场景，那么我们就和客户一起，共同开发、共同生产、共同创新，推动行业新的可能性发生。

过去在阿里内部，业务和技术是背靠背，今天我们和客户也是背靠背的关系。

《数度》： 面对传统企业管理中存在的诸多问题，阿里云提供了什么样的解决方案？

张瑞： 我觉得我们不要叫传统企业，其实不管在什么领域，都不存在"传统"一说。虽然阿里巴巴是一个互联网企业，但其实我们也经历了数字化建设的完整过程，我们也是这么做起来的。

我为什么不说数字化转型，而说数字化发展？我想再谈几个观点：

数字化本身重塑的是数字时代的管理流程。

过去企业的信息化,依靠的是采购大型软件,在采购大型软件的过程中,事实上也通过软件本身,重塑和改造了自身的流程,这些软件带来了工业时代的最优质的管理方法。

今天不是这些管理方法过时了,而是当我们面对数字时代、"工业4.0"这些愿景的时候,这些最优质的管理方法里,没有一个完整的答案了。

举几个简单的例子,在大工业时代还没有柔性供应链的问题,也没有顾客对工厂电子商务(customer to manufacturer,C2M)定制化制造的问题,这些问题背后是你的管理课题和数字时代的变化,需要更快的中枢神经去响应市场,更快的流程重塑和变革去适配市场。

今天无论是第一产业,还是第二产业、第三产业,都在面临数字化时代发展的问题,而在这个问题上,我们经过思考,也踩过坑,然后输出的无论是云平台底座,还是双中台,还是定制开发的软件,都是阿里多年的数字化思考,这里既有技术的部分,又有我们如何从管理者往下看组织的敏捷、组织的布局的问题。

数字化本身是一种生产力。数字化这件事,以终为始,不管什么企业,最终目的都离不开这三个:降本增效；组织和组织里的人更好地协同；在企业的赛道上，与数据、智能化的技术结合。

但是怎么结合？数字化的本质是一种生产力，与生产工具和生产关系紧密相连，我们提到的管理事实上是生产关系的变革，但是生产工具也很重要，即我们提供什么样的生产工具给企业。我们阿里云事实上是代表了整个阿里巴巴集团这么多年的技术积淀总输出，在过去的一年里，我们为中国企业写了数十亿行代码，相当于再造了几个"超级互联网企业"的体量。

数字化生产力不光包括代码，你可以发现今天的企业里，任何一个环节都在产生数据，例如物流行业，"双十一"峰值的时候，每天数亿个包裹，今天你可以看到包裹实时走到哪里，是因为我们的物流企业有了强大的计算力，我们今天为某物流企业提供了超过1万台服务器的单集群能力。

数字化时代的敏捷管理，加上会思考的代码以及强大的计算力，是今天我们给企业交付的面向数字时代的整体方法论，同时很多客户的行业经验也输出给我们，我们一起共生，一起发展，一起变得更好。

企业需要可见路径和效果的数字化转型。企业需要的数字化转型一定不是在天上的,而是切实有效的。

以攀钢西昌钢钒炼钢厂为例,2019年5月攀钢引入阿里云工业大脑,对炼钢全流程进行工艺优化,一年来效益提升2.4倍,节省1700万元炼钢成本,这是我们跟企业深度结合以后带来的降本增效。

组织效能提升上,"云钉一体"在网上办公期间发挥了较大的协同作用,且数据还在帮助企业做决策。比如,我们帮助飞鹤乳业搭建的数据中台把用户数据、供应链数据、销售数据等所有的数据都拉到一个数据仓库里,打通所有的环节。借助数据中台,飞鹤的数据提报由手工提报转为系统化管理。目前,70%的数据可通过中台产出,提供给各部门。如果想对比某天齐齐哈尔某商场活动和成都某活动的投入产出比,管理层可以在几分钟之内,拖拽整个集团的数据源,活跃用户占比、新客占比、潜客占比等一屏就能看到,实现精细化运营,辅助企业家做正确的决策。

《数度》: 在推动合作企业数字化的过程中,你最大的感受是什么?

张瑞: 从我的角度来讲,不管做"双十一",还是后来做数据库、做云计算,都接触过很多企业。我觉得他们都非常有想法,无论是淘宝天猫上的小卖家,还是使用云服务的非常小的客户,或是像国家电网、中建三局、攀钢等我们所服务的大型企业,他们都非常值得尊敬,是今天中国企业的一个缩影。

我们完全没必要去夸大"数字化转型"的焦虑感,数字创新是企业业务发展到一定阶段,或企业业务发展的需求本身催生的。

如果非要总结阿里云的数字化经验,那就是以客户为师,每到一个行业就深扎其中,与客户、生态伙伴一同成长,互相成就。阿里云在其中提供的技术能力,也是帮助他们有机会在所在的行业做出更多事情。我们就是一个普普通通的建设者。

寻找数字化生产工具：以钉钉为例

"太赶了，时间不够用，想说的太多了，我准备了好些段子和包袱，都没抖成。"一坐定，叶军就用这样的话拉近了距离。

叶军是阿里巴巴集团副总裁、钉钉总裁。按照阿里内部的花名传统，他被外界称为"不穷"。这个名字来源于《道德经》的那句"大盈若冲，其用不穷"。

在接受《数度》专访的前一天，不穷刚刚参加完阿里内部的一次例行业务总裁会，这是阿里高管团队的传统之一。

这些年阿里成功孵化的业务，钉钉肯定算其中一个。不过，自从一年前阿里"云钉一体"战略正式官宣落地以来，关于钉钉是不是失去想象力的追问也一直存在。

在钉钉 2021 未来组织大会上,叶军宣布了这样一组数字:截至 2021 年 8 月 31 日,钉钉用户数突破 5 亿,包括企业、学校在内的各类组织数超过 1900 万。这是继今年 1 月宣布用户数破 4 亿后,短短 9 个月时间,钉钉用户量的再一次突破。

不过,用叶军的话说,钉钉只算是阿里近年来"较为成功"的内部孵化成果,这距离他们在办公大楼里竖起的"所有人都在钉钉上工作"的 slogan(标语)还是有一定的距离。长期被人认为是一家电商公司的阿里,在产业互联网 ToB 方向又有了一个重要抓手。

中国是一个消费互联网先行的国家,很多人一谈互联网想到的就是 C 端(用户端)流量和电商业务。而随着 C 端流量触顶,人口红利减少,消费互联网的想象力逐渐见顶,产业互联网开始迎面而来。科技公司究竟还能为社会提供什么,钉钉的答案是:数字生产力。

技术与组织

钉钉的办公大楼并不在阿里西溪园区内部,但距离阿里园区只有十分钟左右的车程。

在未来组织大会召开之前,叶军和他的团队讨论,究竟应该怎么和外界描述今天的钉钉。工作平台是他们最初的共识,但最后他们选择了"新生产力工具"这一定位。钉钉希望能够让更多人知道,在数字化转型中新生产力工具的作用。

这种作用不仅仅是体现在技术上,更是技术对于组织的改造。

山东的一家起重机企业龙辉起重的总经理和大龙在此前接受采访时说,"因为在300人之前,企业家的人际关系尚且还能够覆盖;在300人以后,企业无论是财务、员工还是业务,都开始需要借助管理工具。但对于这些企业来说,目前并没有适合它们的数字化低成本解决方案。"

在规则的完善之上,叶军想了更多的东西。作为经历了阿里信息化全过程的人,叶军在阿里很长一段时间实际上扮演着CIO角色。

但今天他认为,"我们确实要重新定义CIO。"他说东方日升的信息化负责人给他讲过这样一个例子,"他原来工厂里面一万多工人,他们采购自动导引车(AGV)机器人,原来是采购部的事情,后来这个采购决策落在了他所在的信息化中心身上。因为公司发现那个机器对产能的提升非常关键，而这个产能提升是需要这台机器和这台设备通信的，要选对机器，而且要高效通信，还能把数据传递起来，只有信息化部门最懂。"东方日升是一家创始于1986年的超大型光伏生产制造企业。东方日升基于钉钉和低代码工具简道云搭建了一个完整的设备管理系统。

ToB 的挑战

这一次的未来组织大会算得上是叶军履新钉钉一年以来的一次阶段性工作总结。

自从2007年进入阿里以来，他就围着ToB转，哪里需要去哪里。从最开始入职时的阿里软件到阿里云、速卖通等等，包括后来他被安排接手了钉钉，以及2019年被抽调去开发健康码。

在很长一段时间里，叶军都在服务阿里内部，也鲜见报端。阿里巴巴CEO张勇对他的评价是"干一行，爱一行"。不过从外在所体现的诸多做法来看，这位钉钉新一号位的风格显然是：稳扎稳打、不断迭代。

除了是阿里巴巴的最早入职的计算机博士,他还有一个不为人知的"最":他是阿里内部员工平台回帖数量最多的事业部总裁。

"因为阿里大家沟通都用钉钉,所以钉钉被骂得最多。"叶军笑着说。在今年的未来组织大会上,他抖了一个小包袱,他说在钉钉,不是下属给他写周报,而是他给团队写周报。

关于被骂这件事,叶军有很多话要说。如果你问他从企业主到员工对钉钉的反馈,叶军能一直给你举例,直到听众受不了打断他为止。不仅如此,他还拿出手机给我展示与几个"钉粉"的聊天记录,可以看到,对方确实每天都在因为不同的钉钉使用场景和优化问题"骚扰"他。

不过,很多 ToB 行业的人都有这样的共识:那就是做 ToB 最重要的就是陪伴客户成长,耐得住寂寞和被骂。

这个四川大学的计算机博士,并不像传统的程序员。如今的他需要服务更多大中小企业,看起来,谦逊是他的武器之一。

不过他也有不谦逊的时候,"做业务要两脚带泥,我觉得我的优点就是比很多技术 leader（领导）更愿意听业务方在说什么。"

定义数字新生

如今的叶军每个月都要去走访好几家企业，但是每次去到不同的企业时，他并没有固定的提问模板，"行业和行业之间差别太大了，没法提共同的问题。但很多时候，我都是从工厂生产线上的工人问起。"

在钉钉深入的六大行业中，制造业确实是目前增长速度最快的行业。

位于广西柳州的柳钢集团冷轧厂，已经通过钉钉搭起了一个数字时代的透明工厂。在如今的柳钢工厂里，任何设备异常都可以自动通知到人，冷轧厂近90%的业务都搬上了钉钉，并用低代码开发了上百个应用。

一家四五千人的大厂，需要配备多少软件工程师才能满足他们提出的软件开发需求？杭州朝阳橡胶有限公司给出答案：一个人足矣。"一人一周就可以开发二三十款应用。"朝阳橡胶公司设备处处长、信息化负责人郑励在接受采访时说，用钉钉上的简道云低代码开发非常方便,"拉拖拽"即可。2016年2月起,朝阳橡胶开始利用钉钉进行数字化升级,国内9个制造基地,4500多名员工都用了钉钉,甚至包括远在泰国工厂的同事,均通过钉钉进行工作协同。

此前,关于数字化转型业界一直有"数字原生"和"非数字原生"的划分。钉钉认为应该划分为"数字原生"和"数字新生"。数字原生是指诞生于互联网或者云之上的公司,而数字新生,是指那些经历了数字化改造之后的传统行业公司,"我觉得优胜劣汰的结果是,三年后没有人会再跟我说要不要数字化转型,而是所有公司最后都要走向数字新生。"

在APPLE手机商店的数字办公分类下,钉钉是下载量最多的APP,但也并非没有竞争者。在面对他心目中的竞争对手是谁这个问题时,叶军并没有把苹果商店里数字办公分类下那些来自各个大厂孵化的产品作为参照物。

叶军没有正面回答我抛给他的问题,他向我指了指他手机上的钉钉APP logo,"你觉得这个logo设计给你的第一感觉是什么?"见我没有回答,他自己又补充起来,"我问了很多人,他们跟我的感受都一样,就是向前冲。"

如今，在钉钉表面看到的开会、聊天、审批功能已经只是它的很小一部分，更多的制造业工厂主正在通过它提供的生产、人力"仪表盘"，掌舵自己的公司。而产业端的工人拥有的也不只是一块"钉工牌"，用柳钢集团厂长陆兆刚的话说，"我们希望把工厂做成最不像工厂的样子，我希望钉钉能够帮我们真正建立起数字化工厂，让我们的工人同样能够和白领一样工作。"

在更为上游的产业互联网领域，无论是相比于此前工业时代赛道上的 ERP 玩家们，还是相比于在硅谷备受追捧的 Salesforce、 Mendix 这一类服务，如今的钉钉已经很难找到一个明确的参照物。不断向前冲的结果是，他们正在奔向一个完全没有参照物的企业数字"元宇宙"。

如何打造数字基础设施

从十年前的"不知所云"到如今成为数字化基础设施,云计算正在成为互联网的兵家必争之地。

从互联网公司披露的财报来看,在云计算业务方面,2021财年,阿里云全年营收601.2亿元,比上一财年400亿元收入大幅增长50%。而按照腾讯发布的2021年第一季度财报,包括腾讯云在内的"金融科技及企业服务"单季收入390亿元,同比增长47%。百度公布的当季财报中,百度智能云的数字尤为靓丽。根据电话会议披露的数字,第一季度百度智能云营收达到28亿元,同比大幅增长55%。

巨大的市场为高速增长提供了空间。仅以公有云市场为例,相关数据显示,2020年中国公有云市场规模达到156亿美元,同比增长62.3%,增速超过北美、欧洲、东南亚等区域,是全球规模最大、增速最快的云计算市场之一。

据美国高德纳咨询公司(Gartner)报告,2020年全球公共云计算市场规模总计达642.86亿美元,相比2019年的457亿美元同比增长40.7%。此外,全球云计算"3A"格局依旧稳固,亚马逊AWS、微软和阿里云占据前三席位,三家累积市场份额超过70%。

但与此同时,变局也正在发生。

在价格不变的前提下,集成电路上的元器件的数量,大约18—24个月会翻一番,性能也会提升一倍——这是根据摩尔定律作出的判断。而从近期来看,摩尔定律实际上已经失效,随着智能手机等智能终端的渗透率逐渐饱和,以及先进制程所需要的投入成本呈指数级增加,维持摩尔定律对于芯片厂商和晶圆厂来说变得越来越不划算。

云计算市场未来格局如何?新的技术趋势又是什么?对此,我采访了曾经的阿里巴巴集团副总裁、阿里云计算平台负责人贾扬清以及阿里云计算平台研究员关涛。

算力的边界

《数度》：从技术角度看,云计算未来的趋势是什么?

贾扬清：数字经济迅猛发展,不断丰富、增长的数智业务,给技术带来了更高的挑战,企业的数字化创新需要用好"大数据 + AI"这个"核武器"。

经过近 20 年的发展,大数据已从早期的数据挖掘进化为承载数据分析、数据管理、数据协同的综合治理平台。无论是简单、易用、弹性的云数据仓库 MaxCompute,还是提供一站式数据开发、管理、治理的平台 DataWorks,都能成为企业数字化的"好帮手"。

对企业来说,业务要创新提高效率,仅仅把数据管得好、用得好还不够,还需要 AI 技术的加持。大数据和 AI 密不可分,结合在一起更能帮助企业在数字时代从容应对不确定性。

《数度》：在你看来,云计算未来面对的最大挑战是什么?

关涛：数据涨得挺快，但算力涨得不行。我们知道的摩尔定律在 2008 年、2009 年差不多就失效了。计算速度开始逐渐变慢，数据集变得越来越小之后，功耗需要增长。在指甲那么大的地方，要承载 100 瓦甚至更高的功耗，很难实现。那么会发生什么？机器会被烧掉。

因为数据的增长比算力便宜的速度要快一些。大数据是人产生的，未来有更多设备产生的数据，那个数据的量是人产生数据的很多倍，从这个层面上讲，一定会有数据量的增长以及对计算的需求和整个系统不匹配的问题。

以前提过一个词，就是"挖矿"。数据的矿越来越大，但矿的价值越来越贫瘠，这种情况下对于挖矿的要求确实有点高，通过软件化或者硬件化的方式优化挖矿的效率，使得算力提升，这是大数据和中台的核心问题。在引擎侧通过中台、资产的分类、资产的打标进行智能分析，知道哪些是关键的。通过这种方式，把海量的数据里面最有价值的部分拿出来。这是整个中台需要做的事情，这个过程涉及引擎的持续优化，把数据分类，使得更有价值的数据更好地被使用起来。

随着更多数据进来,效果一定是更优的。数据有"1+1＞2"的特性,把两个几乎不匹配的数据放在一起,可能产生更好的价值。数据面越来越宽,数据来源越来越多。以前看到的往往是二维的关系数据,现在则有非常多的数列化的数据进来,多模态大模型 M6 可以帮你生成很多新的东西出来。

背后的算力匹配确实是非常大的挑战,它带来的挑战有一个核心的点,很多公司资源增长率就是 30％,但数据增长率是 80％,如果持续投资很多钱,去追逐这个算力,显然是有问题的。因此,我们说要建立中台,是因为中台能够使得数据资产化,能做到很好的优化的使用,以及使用更好的平台做更好的优化,这两点是要做到的。

数字化转型的阶段

《数度》：基于阿里的数字化经验,你如何理解数字化转型?

贾扬清：企业数字化转型一般分为三个阶段:第一个是做线上化和数字化,第二个是做中台化和资产化,第三个是做数据智能化和管理自动化。三个阶段依次而来。

很多企业建了中台，并不太成功，很多时候是跳跃的，缺乏线上化、数字化转型的过程，中台并不是帮你直接做线上化和数字化，是需要你从额外技术做起，中台可以是一个发动机。当有足够多的数据，能形成中台之后，资产化变得很关键，有一定资产之后，资产管理变得非常重要。

在IT时代，数据就是数据，存储数据还需要付出成本；但在DT时代，数据已经成为资产。

《数度》： 数据如何完成从成本向资产的转变？

关涛： 把数据变成资产，对资产做治理有三个要素，我们也是通过阿里的数字化转型总结的三方面经验，缺一不可。

第一，要有一套组织体系，当一个企业进入数字化时代的时候，组织要做数字化转型。第二，要有一套数据资产的方法论，即标准是什么，流程是什么，企业数字化驱动之后的流程和这些流程是否不相同。第三，有一个平台工具的体系，能支撑起这套组织。人是一个层面的安排。方法论是规章制度，是一张纸可以贴在墙上，怎么把纸上的东西落实在日常工作中，要有一套系统做。

数据资产和资产治理，是目前典型的互联网企业都会有的数据组织层面的东西。把用户的角色分成三类，一类是平台运营方，通常情况下是这家公司的首席技术官（CTO），或者大公司的某一个业务部门（BU）的负责人，比如淘宝的淘系技术的负责人，就会处在这个角色上。他们非常宏观地看整个数据资产，包括从业务视角探索数据资产，还包括全面掌控整个资产的状态，同时看数字的投入和收益，淘宝超过万台的服务器，每年成本是多少，驱动了业务增长多少，每年投多少资源在数字化体系内，这些都是由这个平台决定的。

中间两类分开说，一类是数据开发人员；一类是算法开发人员，两类角色在很多公司都是明确的开发岗位。在阿里内部我们在推动更多的非研发人员使用这些数据。阿里内部有百分之二三十人直接用这个平台，这七八万人不都是开发岗位，很多运营岗位，包括 HR 的同学，其实都会写一点数字化的东西。当你的工具能力足够强的时候，实际上就能够帮助你用平台的数据。对于我们这边做财务的同学，包括很多做运营的同学，这是必备的武器。运维的人员保证系统的端到端流程的稳定性,这是一个组织层面的需要。

前面谈的是组织,后面谈的是一套数据治理和数据资产的方法论。这个方法论是海外体系的方法论,2017年DAMA数据治理方法论,把数据治理分成十大规则,包括数据的架构、建模、存储体系、安全、数据集成、文档管理、主数据,是更偏银行系统的概念,还有数仓、源数据等,每个体系有一个细分,不给大家额外细化了,这是整个数据资产和治理方法论的系统。

"五环外"的数字化突围

1984年出生的和大龙,是羊流镇上的异类。

在泰山脚下的这个全国知名的起重机小镇上,如果论资排辈,龙辉起重——和大龙从父亲那里接过来的年产值3亿元左右的起重机工厂,在这个大多数由50后、60后掌管的、遍地是十亿级以上产值工厂的小镇上,还排不上号。

从履历上看,和大龙没什么特别的地方。一个一米八的山东大汉,打小成绩不算好,作为艺术生好不容易考上了一所普通本科,毕业选择了"北漂"。工作七个月却依然付不起房租,最后只好回家继承家业。

但是,和大龙和他的员工不过两三百人、车间不过四五个的工厂,却成为阿里巴巴集团副总裁叶军心心念念的地方,俩人经常在钉钉上有来有回地探讨。

这两年来,许多人上门咨询和大龙经验,其中还包括小镇上和大龙的叔伯们。

一切都要从和大龙和他的起重机工厂的数字化试验开始。

如果说在2020年之前,数字化对于制造业公司来说还是可选题的话,在2020年之后,数字化转型变成了必选项。2020年3月,工业和信息化部办公厅印发《中小企业数字化赋能专项行动方案》,为中小企业数字化指明方向。

但如今,随着中小企业纷纷启动数字化的进程,更多的挑战正在出现。

2021年,中国中小企业协会会长李子彬公开表示,中国中小企业总量超过4000万家,但普遍存在"量大面广体弱"的特征。中国企业数字化转型比例约为25%,远低于欧洲的46%和美国的54%。

用李子彬的话说,中小企业数字化转型势在必行,众多中小微企业面临"转型是找死,不转是等死"的转型困境。

那么究竟如何实现转型,和大龙和龙辉起重或许是值得参考的样本。

300人困境

"在300人之前,企业家的人际关系尚且还能够覆盖;在300人以后,企业无论是财务、员工还是业务,都开始需要借助管理工具。但对于这些企业来说,目前并没有适合它们的数字化低成本解决方案。"

从泰安高铁站驱车到这家工厂需要一个多小时。羊流是一个典型的工业时代的小镇,对20世纪八九十年代工厂有记忆的人都能想象得到这里的样子——贴着二十世纪流行的发黄长条白瓷砖的小办公楼混在仓库顶和各种机械臂里,沿途有一些木门半掩、居民开的小食店,老人坐在板凳上,野草长在了沥青路旁。和大龙的龙辉起重就在众多工厂之中。

但如果你进入龙辉起重内部,就会感觉在跨入的一瞬间突然被时光机拉回了当下的世界。巨大的屏幕上不断闪动的数字与工人手中的电枪火光交相辉映,屏幕上不仅仅实时记录着工厂中每一条生产线的进出库动态,在工厂之外的销售业绩变化,也呈现在各块屏幕之上;从原料采购到最终的起重机销售,每一个环节都能在大屏幕上找到对应的数据；甚至远在港口的起重机，还能作为港口台风监测的感应器为气象部门提供一手的天气数据。

起重机一直被认为是重工业制造业的最典型代表行业。2003年，为了鼓励更多企业使用美国制造，时任美国总统奥巴马选择站在迈阿密的港口向众人发表演说。然而，就在演讲过程中，一阵海风吹落了奥巴马身后的起重机上的美国国旗，露出了中国起重机厂商振华重工的商标，一时全球哗然。

不过，这一戏剧化的场景也再一次说明了在制造业，起重机究竟意味着什么：作为整个工业生产链条的最始端，和大龙认为，在一定程度上，"起重机指数"比此前流行的"挖掘机指数"更接近工业生产的神经末梢。

但如果要成为指数，首先要求的是起重机的数字化过程，就像挖掘机指数的获得来源于大数据和物联网技术对每一挖、每一铲的数据痕迹。如何实现从起重机到起重机制造的流程数字化，早在2015年接班之时就成为和大龙心中头等大事。

这些年来，他的主要精力都放在了龙辉起重的数字化改造上,龙辉起重的副总经理说,这几年他各种数字化工具试了也不下几十种,"只要出现新工具,他就想试试。当然,为此他也没少花冤枉钱。"

在这家在册员工数不到 300 人的中小企业,唯一负责数字化的,是总经理和大龙和他的这位副总经理。

和大龙也说不清为什么,他认为这种敏感和他本科学习的数字媒体专业有关系。数字化确实给他和他的工厂带来了巨大的改变——在使用钉钉完成了工厂生产的全流程改造的五年时间,他的工厂年产值从 1 亿提升至 3 亿,并保持了 30% 的年增速。

而且,"我们是这个小镇上,甚至与同行业来比,也是人效比最高、单位面积产值最高、工人收入最高的企业。"

数字化转型,是近年的热门词汇。这首先体现在政策的变化。政府工作报告已经连续多年提到数字化,而在"十四五"规划纲要中,更是将"加快数字发展,建设数字中国"作为独立篇章。

在商业世界,数字化转型是毫无疑问的热门词汇。从互联网公司到传统企业,迈向数字化成为共同的命题。

但和大龙说，从父亲手里接班这几年，他最深切的感受是，"北上广"的大公司的数字化进程已经如火如荼，但是对于聚光灯之外的像他这样的中小企业来说，"300人困境"几乎是杀死许多中小企业的主要原因。

低代码下沉

低代码对于数字化转型的意义是，使得企业数字化实现了从DOS系统到Windows系统的飞跃。

接班的五年时间，在花费了数十万、尝试完市面上几乎所有的ERP工具、办公软件之后，偶然尝试的钉钉留住了和大龙。

"以往的一些大公司的办公软件费用太高，一个月服务费可能就要成千上万，对于我这样的小公司来说，成本太高了。"对于和大龙这样的中小型公司来说，前期购买软件加上后面长期服务费用，这一笔开支并不算是小数目。

更为重要的是，像他们这样的公司，同样很难入那些大型数字化软件公司的"法眼"——"每次遇到问题，打个客服电话要解释半天，而且每个行业不一样，他们根本不知道我们的生产线到底发生了什么。"这是和大龙在过去一直遇到的困境。

来自Gartner的数据显示，2021年对于应用开发的需求将达到所有IT公司开发能力限度的5倍。这是企业数字化程度不断提高之后，共同面对的一个尴尬局面，越来越多的业务需求远远超过IT开发能力，他们需要完成的项目似乎永无止境。面对这一巨大的供需缺口，低代码开发几乎是唯一解决方案。

所谓低代码开发，即无需编码或只需少量代码就可以快速生成应用程序。

在低代码模式下，和大龙和他的助手可以完全按照自己的工厂情况开发应用。

举个例子，企业需要每天给员工发放口罩，但是口罩的进货、发放都意味着相当的工作量。传统的模板化的数字化软件不可能为这样一家小企业的口罩发放定制数字化工具，即使能，新搭建模块也意味着巨大的成本。

于是，和大龙在第三方低代码开发工具简道云上，自己设计开发了一个口罩登记发放应用，随后所有涉及的员工都能够登陆进去自主登记,这极大地减少了和大龙的管理成本。"不仅不要钱,而且用完了不想用就不要了,有新的需求时,再自己搭一个新的应用,非常方便。"

在对外经贸大学企业与战略研究所产业创新研究中心看来,"低代码对于数字化转型的意义是,使得企业数字化实现了从 DOS 系统到 Windows 系统的飞跃。"

小镇上的福特

这是数字化进程中的另一重"五环内外"场景:当五环内的白领们还对打卡存有不满时,小镇上的工人们因为数字化办公工具,实现了更明晰的多劳多得。

数字化的前提是数据的获取。这也是许多传统企业在进行数字化转型时首先遭遇的"灵魂拷问"。

此前,在接受采访时,国内知名云计算公司青云科技架构副总裁沈鸥就谈到过他在帮助企业数字化转型时遇到的困难。"很多中小民营企业,在上生产线设备的时候,并没有考虑到数据收集的模块。因为这个模块往往是要单加钱的。"沈鸥说,"但到后来发现还是要进行数字化转型,但要想再加模块,就比较麻烦了。"

不过,这对于和大龙来说不是问题,他有很多解决方案。在龙辉起重的车间,每台生产线边上有一个看起来黑旧的铁箱子,但是打开这个箱子,是和大龙从网上买回来的物联网 API 接口硬件,这个模块能够帮助他获得生产线的用电量、开关机等数据,并进一步上传到钉钉系统中。

来自生产线的数据为和大龙打开了一个新世界。

在工业时代,以泰勒制为基础的福特主义生产模式,是工业革命之后工业生产流程的典型标本。以福特汽车公司为代表的大规模的工厂与投资、机械化生产线、明确生产线分工、科学的质量控制等,共同组成了一个结构化的工业劳动分工网络。

但这种科学管理模式更多时候会受限于技术条件,比如工人的付出和绩效很多时候并不匹配,再比如工人的能力可能因为生产线的限制而得不到最大化的体现,标准化的管理方式存在着巨大的漏洞。

在数字时代,科学管理正在跃过这些瓶颈。

以工人最为关心的绩效考核为例,和大龙在钉钉上开发了一整套绩效考评系统,工人能够清晰地知道自己生产线的设备使用、迟到早退情况,销售们的业绩变化也实时体现在系统之中。

更为重要的是,管理方式在悄然发生着变化。

在这家工厂,以往一个车间可能就两个车间主任负责二三十个工人,其中对于每一个工人的能力、特长,完全依赖于车间主任的个人熟悉程度。此外,大锅饭的结果是懈怠和恶性竞争。

数字化的到来,首先改变了这一传统的工厂组织结构。和大龙选择把此前的大班组工人分成了三四个人一组的小班组,每个人专门负责自己擅长的制造流程,组员之间业绩和绩效互相影响。这极大提升了小组的产能和组员的创造力——更精细考核的结果是,他们的每一分付出都获得了更多的回报,组员之间也实现了正向激励。

"以前,开工单靠手写在纸上,一旦出现一个数字的错误,生产环节就需要花更多时间来纠偏。在钉钉上下工单完成后,工人就会自动收到待办事项提醒,了解接下来的生产计划,完成生产任务时,在钉钉上点开待办事项就可以输入报工结果,完成手机报工。工人还可以即时看到自己的计件工资。"和大龙说。

比如,对于质检工人小张来说,他现在要做的,是掏出手机,勾选自己完成的工序,系统会自动提报给质检员处理。所有的工人每到质检环节就可以扫描二维码直接提报,数据则同时同步给了钉钉上的智能薪酬系统,从而计算每个人的工作量和绩效工资。他很满意这种操作方式,"非常直观,没什么不会的。"

但在数字化管理工具介入之前,这种直观、扁平式的车间管理模式无疑是难以实现的。

和大龙对于外部世界的变化十分敏感,除了会实时在手机上查看钢铁价格外,他也会买一些知识付费课程。对他来说,在他目前的企业规模基础上,设立一个专门的信息化部门从人员成本上来说并不现实,"而且我觉得数字化本身就应该是一把手来抓的",和大龙说。

但是,在羊流镇,走在数字化前沿的龙辉起重依然是个异类。数字化的门槛,依然拦住了许多人。和大龙认为对于他的50后、60后父辈们来说,接受数字化要有一个过程,想要推动公司的数字化,可能还是有赖于更年轻的接班人们。

一个弹簧里的数字化实验

翻看华纬科技的新闻照片,大多数人都能轻易地一眼看到金雷。

他皮肤白皙、戴着眼镜,在这个有 40 余年历史的制造业公司里,1988 年出生的他,尽管略显年轻,但他已经掌舵这家公司将近 10 年。

华纬科技的主业是弹簧的研发和制造,是目前中国最大的民营弹簧企业。1975 年金雷的父亲金章校创办这家弹簧厂,华纬科技从 1986 年诸暨市钢板弹簧厂第七车间,到 1998 年的诸暨市金晟弹簧有限公司,再到 2009 年正式更名华纬科技,这家公司一直耕耘在弹簧领域。

弹簧作为工业制造和汽车制造的基础零配件行业,广泛应用于汽车、火车乃至各种机械设备上,尽管在制造业总体规模中占比不大,但却是一条完整产业链的基础和底座。

不过,对于这样领域的公司,大多数人都容易有一些刻板印象:无趣枯燥的流水车间、品牌的代工工厂,以及远离互联网。

但如果跟金雷进一步交谈,人们会发现,这是一家极为年轻化的公司。这种年轻化不仅体现在管理层的平均年龄上——根据金雷的介绍,公司董事会成员大多数与金雷年龄相仿,更体现在数字化渗透进传统制造业的每一根毛细血管上。早在2001年,华纬科技就在推动无纸化办公,如今,华纬科技90%的设备已经安装了设备传感器。在工厂的车间数字大屏上,从原材料入库开始到产品生产的合格率乃至售后投诉情况,都能够实时显示。金雷说,这在全行业也是非常前沿的尝试。

除此之外,在制造业来看,这是一家研发人员占比不低的公司。研发及技术人员127人,占公司总人数15.16%。

在接受采访时,金雷对我们说,他极为关注社会上的新兴事物,一些流行话题他都信手拈来。在采访过程中,这家总规模在6亿元左右的公司董事长做到有问必答,没有公关话术和官方回应,除了有时候他会收不住弹簧领域的专业术语之外,我与他的对话并不费力。

自大学毕业就进入华纬科技,从基层工作到临危接班,金雷说在这一过程中,他并未遭遇其他"二代"们遇到的一些阻力,相反,老师傅们给予了他大量的支持。

而今天的华纬科技,在金雷的带领下,也正在探索一条更前沿的道路:他们退出了弹簧低端市场的竞争,把研发弹簧技术作为更重要的业务。

这种转型的一个阶段性成果是:他们建立起了国家级弹簧实验室,入选了2021年工信部第三批"专精特新"小巨人名单。

接班与传承

时间拉回三年之前。

金雷像往常一样来到办公室打开邮箱,一封来自法国的邮件吸引了他的目光。那是一家全球头部汽车零部件客户发来的产品测试通知。华纬科技花了三年时间投入研发的一款弹簧,通过了其产品测试。

2000年,公司第一台数控电脑卷簧机投产。华纬科技对进口刹车弹簧进行了科研攻关,制造出了功能与进口产品完全相同的国产刹车弹簧,改写了刹车弹簧必须进口的历史。十余年后的这封邮件,对于华纬科技来说,意味着他们真正进入了全球主机厂商的视野。而对于中国制造来说,这意味着,在弹簧领域,华纬科技迈出了从中国制造到中国研发的关键一步。

多年前的畅销书籍《世界是平的》作者托马斯·弗里德曼曾经在一篇文章中提到他对于当下中美关系的理解,在他看来,根源是所谓"浅层产品"(shallow goods)和"深层产品"(deep goods)的矛盾。

而以弹簧行业为例,浅层产品就是我们学习国外的弹簧制造技术,复制一个类似的国产版本;深层产品,则是对于行业的发展变化有定义权的那一类,而后者,需要的是大量持久的研发支持。

华纬科技希望把未来聚焦在专注研发上,是能够找到路径传承的。金雷的父亲金章校最早的身份,就是弹簧生产线上的工程师。

2011年,由于父亲因病去世,刚刚大学毕业的金雷就接过了这家公司。不过,到了金雷这里,对于这种理念传承，大学学的是工商管理的他，也有了一些新的探索。

把钢丝做成一个高品质弹簧，其中卷簧是最为关键的环节。为了让这个环节的工艺沉淀下来，让新人也可以轻易上手，管理学专业毕业的金雷想过很多办法，比如三维扫描、成像重叠等，甚至他想要让老师傅写一个"小本本"的工艺经验，以便广泛复用。但金雷并没有找到合适的方式。弹簧属于三维成型产品，准确调试程序，需要对产品高度熟悉，也需要熟练掌握系统的操作。

如今，他思考的是如何把老师傅的工艺经验，形成数字化的作业指导手册，让生产线工人遇到的每一个产品问题，都能在手机上一键查到解决方案。

此外，钢丝在做成弹簧的过程中，由于订单变动、报工不准确、材料计算不准确等问题，容易生产过多、积压库存。

金雷说，"管理上应该是每年减少库存，但我们库存反而增多了，这是生产柔性不够、数据不准确造成的。"如今，华纬科技在位于绍兴的总部扩建了一个7000多立方米的仓库。

前两年,金雷曾经参观福特丰田生产线,他发现主机厂商可以在同一条生产线上做不同产品,精准完成不同零部件的配合。如果弹簧产线也能实现这样的柔性生产,将会大大减少库存,甚至做到零库存。

但很快,金雷发现再先进的主机厂生产商,产线经验也无法复制到弹簧生产上。主机厂通常有冲压、焊装、涂装、总装四大工艺,而一根弹簧的生产,有十来道生产工艺。这么复杂的生产工艺只为生产出一根轻量且高弹性的弹簧。

华纬科技开始直面痛点,开启了一场创新实验。

为了让生产环节的数据更准确,华纬科技在钉钉上通过"拖拉拽"搭起一套工时结算流程,拉通报工数据、材料数据、计件数据,让生产环节变透明,按照订单数量精益生产,成为产线提效、减轻库存压力的好办法。

"数字化车间的建设,也使公司产品质量有了质的飞跃,并得到美国天纳克、法国克诺尔、中国一汽红旗等客户的认可。"据相关负责人介绍,数字化之后,公司生产效率提高20%、能源利用率提高10%、运营成本降低20%、产品不良品率降低20%。

数字新尝试

打开华纬科技官方主页,你会发现他们极为紧跟时代的浪潮。

这家公司在今年八月就披露了产品的碳足迹报告,随后还很快更新了温室气体排放数据报告。事实上,早在 2001 年,华纬科技就开始采买 ERP 实现办公的无纸化。但是无纸化尝试很快遭遇了挑战,因为生产订单的流转、产品的出入库,仍然依赖人工统计。

数据采集是生产中一大痛点。以热处理环节为例,一个工件进入热处理环节,需要 60 多分钟出来,工人需要人工计数,填入表格,而这个数据往往不准确,无法实现自动计数。一旦统计过多,会直接影响库存成本。

金雷说,他认为现在最理想的计件是没有人干预,数字化就是要尽可能让人少参与重复、烦琐的工作,减少人工填写的过程。

除了"低碳尝试",金雷还在思考一些更前沿的问题。

2014年,在他接班三年后,他毅然选择耗资4000余万建成了全自动弹簧生产线,开始尝试"机器换人"。不过,目前在出库环节,工厂仍然依赖人工在高危货架上找货,未来华纬科技希望建立智能仓库系统,完成入库扫码、智能发货流程,让人用手机操作,就可以实现智能发货,而不再需要在高危货架间跑来跑去。

当然,这种尝试的另一面是,对应的高级技术工人的缺乏。以和弹簧制造相关的工业机床制造领域为例,来自人社局的相关调查显示,到了2025年,中高档的数控机床和机器人相关领域的青年人才缺口将高达450万。

制造业的振兴,需要很多天时地利。但就企业来说,按照德国吉森大学博士赵向阳的研究,德国的"隐形冠军",其研发强度一般在6%左右,研发资金的中位数一般在2000万欧元左右,而且在此之前已经持续投入了至少30年以上。这些企业积累了大量的专利和技术诀窍,布局了密不透风的专利防御体系。

那么如果我们从这个角度来观察华纬,会发现一些类似的地方。金雷透露,目前华纬每年的研发投入占比是 5％左右，这家公司在弹簧领域已经有 40 余年历史，如今拥有 120 项实用新型专利， 9 项发明专利。

当管理学界还在津津乐道于德国和日本的那些细分领域的百年"隐形冠军"们，在中国的长三角地区，这位 85 后的企业家，已在征途之上。

5

趋势洞察

当科技公司沦为传统企业

从上海回到北京的方跃,这一次住在了人潮拥挤的王府井附近的酒店。他这趟出行的目的,是给一家大型央企做数字化转型咨询。而这里是一个相对方便的出行位置。

方跃是中欧国际工商学院经济学与决策科学教授。从学术履历上来看,他站在全球一线管理学教授的梯队:在麻省理工获得决策科学博士学位,人生很长一段时间是在海外。加入中欧前,他是美国俄勒冈大学决策科学系主任。除了教学与研究工作,方跃曾为美国通用电气公司(GE)和美国电话电报公司(AT&T)等提供管理咨询。

即便如此,只要和方跃有所接触,人们会很快感受到他身上"老北京"的特质,一米八的个子并没有给人带来压力,相反他能很快地令人自在。他的普通话字正腔圆,在对话过程中,他几乎没有海归教授表达中难以避免的英文单词,一直都是清晰有节奏的中文表达。

在我们对话的酒店会议室窗前,能够俯瞰北京二环鳞次栉比的胡同。环绕点缀于胡同砖墙间的高楼里,聚集了几乎所有中国央企巨头的总部。而方跃近年来所聚焦的数字化转型领域,对于央企来说,同所有其他企业一样,都是未来改革和转型升级的必然选择。

在"十四五"规划中,数字经济再一次被置于重要位置。《国民经济和社会发展第十四个五年规划和2035年远景目标纲要》的第五篇,专门谈到"加快数字化发展,建设数字中国"问题。不止于此,数字化在其他篇章中同样也作为关键词,多有体现。

在方跃看来,作为愿景的数字化,落到企业层面,更为关键的还是如何找到适合自身实际情况的目标和路径。

"对很多企业来说,尤其是大型企业,信息和数字化技术并不是不能逾越的障碍。现在许多企业遇到的数字化转型瓶颈,主要不在硬件,而在于软实力,集中表现在领导力、人才、组织和文化变革。数字化转型——

数字化是基础,是修饰词,转型才是重点。数字化转型能否不断向前推进,考验一把手的认知和决策能力,考验他们的前瞻性和转型的决心。"方跃说。

基于这个判断,方跃认为,数字化转型不只是传统服务业和传统制造业的事,科技公司也同样迫切需要转型。

"一个典型例子是微软。曾经全球市值最高的科技公司为什么要转型?作为以产品思维为导向的软件公司,微软错过了移动互联网时代,更重要的是它失去了原有的创新灵魂。新任 CEO 萨提亚·纳德拉 2014 年上任后,带领微软大刀阔斧地走上转型之路。这次微软很好地把握了数字经济的发展机遇,实现了从软件向数字,特别是云业务的战略转移。业务能够成功转型的背后是领导力,是萨蒂亚·纳德拉力推的企业组织文化变革。"方跃说。

作为管理学教授,方跃在实际企业调研中一个明确的感受是,在中国,不少企业热衷于追热点,蹭科技热度,给自己贴上互联网思维的标签,而没有真正把精力放在推动自身的数字化转型上。就现状看,这些企业的整体运营理念和数字化能力,同他们宣称要颠覆的传统企业并没有什么本质不同,且会越来越"传统化"。

在同大量企业的接触中,方跃还有另一个观察,"一些外界看起来非常新锐的科技独角兽,公司成立只有几年,我在接触他们高管的时候,不少人觉得革命已经成功,原有的创新创业精神已明显不如之前,这显然不是好的现象。""如何保持,永远是创业第一天,是个非常值得探讨的问题。"他补充道。

在方跃看来,所有公司,包括科技公司都需要不断转型。随着越来越多企业转型进入"深水区",重塑数字化领导力、构建适应时代发展的企业组织架构和文化是很多企业未来面临的最大挑战。

> **对话**
> 中欧国际工商学院经济学与决策科学教授
> 方跃

转型到底转什么

《数度》:怎么理解数字经济时代与工业化时代的划分和区别?

方跃:美国作家唐·塔普斯科特(Don Tapscott)在 1995 年出版了一本著作《数字经济》,创造了"数字经济"这个词,这本书成为当年《纽约时报》的畅销书。书的副标题是"网络智能时代的前景与危机",提示人们网络与智能是开启数字经济背后的核心技术。

同以往的技术不同,网络,尤其是之后的移动互联网,不但颠覆了人们记录和交换信息的方式,更重要的是构建了人与人之间的关系网络,把物理世界和数字世界相互联结,进而彻底改变了企业开展业务的方式。

如果看一下"十四五"规划中列举的七项数字经济重点产业,无论是云计算、大数据、人工智能,还是工业互联网和区块链等等都依赖网络技术。在我看来,网络和后续与其相关的数字化技术不只是将已有的技术清单变得更长,还让人类拥有了一个同之前完全不同的世界。

相比工业化时代,竞争格局发生了本质的变化,客户是这场变革的最大赢家。举例来说,数字产品可以自由和即时地完美复制,将边际成本降至零,所以出现了大量的免费产品和服务;技术进步和新商业模式的演变、迭代不断压低产品价格,数字化的产品和服务更容易按照客户的需要进行分拆,让客户只购买他们需要的东西;客户享受到几乎无限多的选择和以前从未有过的价格及信息透明度。

从企业视角看,由于客户购买行为的变化,同时价值快速向超级规模玩家转移,高管们迫切需要提高对数字经济的认知,快速学会在新环境下竞争,通过努力为客户和社会创造价值,在不断缩水的利润池里,为自己保留一些利润。

《数度》:数字化时代的企业转型究竟有没有方向?

方跃: 首先明确,我们正从重产品和服务转向重个性和体验。数字化转型没有统一的定义,我在 2019 年出版的《数字化领导力》一书中是这样解释的:数字化转型的核心是客户驱动的企业战略性重构,以提高客户体验、满足客户多性化需求为切入点,利用数字技术和变革组织文化升级产业价值链,为客户、最终为社会创造更多价值。

要达到这个数字化转型的目标,我们的企业还有相当的路要走。就我对企业的观察,各行业数字化水平虽有较大差异,但总体发展质量尚有很大提升空间。

比如,国内中小传统制造业的特点是成本压力大、技术能力弱、员工素质低,加之上下游协同能力差,竞争力不强。大型传统制造业源于长期"产品思维"的商业模式,重渠道,但缺少同客户直接沟通,几乎没有对市场趋势和客户行为的系统研究,运营和管理体系大多基于计划性、标准化和规模化,缺乏市场和客户价值驱动的创新以及敏捷和柔性能力。

传统服务业的重点是用户体验。受数字技术能力和人才不足的约束,面对客户多元化、个性化的快速变化趋势,显得力不从心。大量企业集团层面的数字化还没有完成,尚未形成数据闭环,就将业务盲目分拆,在与新数字势力抗衡中,失去竞争力,导致对主营业务信心不足,发生摇摆。

无论是制造业,还是服务业,硬实力都需要提高,在这个问题上,企业大多头脑清楚。在我看来,企业普遍对打造软实力的重要性和紧迫性还重视不够,对很多企业而言,目前支撑企业运作的组织架构和文化,已成为向以客户价值为中心转型的主要阻碍。

《数度》: 为什么要向客户价值这个方向转?

方跃: 只有以创造客户价值为目标的商业模式,才可以形成可持续的投资回报率(ROI)。这背后的底层逻辑是由今天较高的社会生产力水平和市场的供求关系决定的。无论是在中国,还是其他国家,都是一样的。

多数企业家都明白道理,但面对具体问题时,往往受过去以产品为中心的思维方式的影响,无法摆脱对过去的路径依赖。

无论数据还是技术,都要服务于业务,业务又要紧紧围绕客户价值。有些企业盲目追求短期业绩的光鲜亮丽，比如以超过金融分析师的预期为目标，这样做看似领导力和执行力很强，却掩盖了企业背后存在的隐患，时间一长会出大问题。

形成客户价值驱动的共识至关重要。企业能否成功由谁来决定？不是竞争对手，而是客户，客户决定企业的未来。我们看过太多因产品和服务没能很好为客户创造价值而失败的企业。

企业需要认真思考几个问题：在大量产品和服务充斥市场的今天，从客户角度看，是否已有足够多的好产品和好服务？什么是好产品和好服务？我们是否真正了解客户的需求和痛点？在设计新产品和推出新服务时，我们是以财务成本或技术能力作考量，还是以客户价值作为衡量标准？

这里我想强调，企业在转型过程中，需要很好地平衡客户体验和运营效率两个维度，不能过度追求客户体验。盲目过度追求客户体验往往导致运营成本大幅上升，这方面失败的案例也比比皆是。不断推进数字化转型是企业解决客户体验和运营效率这一对矛盾的最好办法，恐怕也是唯一行之有效的解决方案。

重塑数字化领导力

《数度》：企业领导者在转型这件事上有哪些认知上的误区？

方跃：数字化不仅仅是一场技术革命，对企业家而言，更是一场认知革命。当我同一些企业高管交流时发现，他们认为重点是数字技术硬件的建设，只要有足够的资源投入，由IT部门负责，转型的任务就应该可以顺利完成。持这种观点的企业不在少数，这也解释了为什么有些企业自认为做了很多努力，但仍然看不到明显效果。

实际上，有些企业连信息化都没有真正完成，比如企业内部的数据都未完全打通，数据孤岛仍是普遍现象。前面我们也提到了，企业数字化转型能否不断推进，不光取决于硬件建设，更重要的是软件能力。当数字化转型在集团层面全面展开之后，企业的转型会进入"深水区"。如不重视软实力的建设，企业数字化转型走到一定程度就推不动了。

关于数字化转型，一个比较实际的问题是：价值到底在哪里？数字化技术已从简单的支持到赋能，再到重塑商业和管理模式。就企业运营而言，它能有效提高整体效率和各部门之间的协同能力，有助于打破组织边界。

企业不要只盯着客户，也应该给员工画像，多认真思考如何赋能基层管理者和一线员工。造成市场变化的因素很多，也很难预测，企业应以不变应万变，加强内功建设，组织必须敏捷、执行力强，同时要充满活力。

《数度》： 如何诊断企业在数字化转型中所处的阶段？

方跃： 数字化转型是个系统工程，我一般不倾向于把它拆分成阶段。但有时为帮助企业诊断自己在数字化转型过程中所处的现状，我们可将整个数字化转型分为三个阶段，这也可能对企业了解接下来他们面临的困难和挑战有所帮助。

第一阶段是信息化或系统化阶段，重点在硬件建设和数据能力。内容主要包括数据的标准化、规范化，以及数据的打通和整合。伴随着互联网技术的发展，业务流程和客户管理的线上化成为企业的工作重点。大量应用软件系统，比如 20 世纪 90 年代盛行的 ERP 软件系统已成为众多企业的标配，ERP 系统极大地推动了企业信息化进程。信息化建设大多由企业的 IT 部门主导，资源局限是主要挑战。

第二阶段可以称为数字化或智能化，有些企业用数智化这个词。这个阶段重点在于业务、产品和服务优化以及协同共享，同时数据价值在企业管理决策、提升客户洞察、改善运营效率等诸多方面发挥重要作用。由于需要跨部门的协同与合作，数字化需在企业集团层面全面展开，必须是"一把手工程"。数字化团队的建设也成为核心工作之一，但人才和数据分析能力的不足是很多企业面临的挑战。

第三阶段强调的是转型与升级，企业需要打造持续创新能力，包括产品与服务创新、商业和管理模式创新。从根本上打破烟囱式的业务和组织架构，构建横向、纵向体系，探索新赛道，逐渐向平台与生态化发展。在这个阶段，打造软实力成为关键。

企业可以根据自己的实际情况和发展阶段，从下面几个落地领域入手：完善企业信息化建设，提高现有业务流程和客户界面的数字化程度，以及提高整个价值链的数字化水平。

我也观察到有些企业信息化和数字化的基础工作还没有做好,仍然缺少与客户直接有效沟通的数字化手段,连客户需求都搞不清楚,就急于大规模开展产品和商业模式创新。当然,无论是信息化、数字化还是转型,三个阶段不是孤立而是相互依赖的,也没有绝对完成还是未完成的问题,更是一个迭代循环、不断向前推进的过程。

《数度》: 可不可以理解为,模式创新正在影响技术创新?

方跃: 两者从来都不是独立的。技术创新历来都是企业非常关注的领域,今天大家熟知的很多跨国企业,例如 IBM、西门子和 AT&T 等,在过去的长期发展过程中都非常重视研究与开发(R&D)的能力。

今天,模式创新同市场消费格局变化密切相关。客户对产品和服务的需求已从重功能转变到重体验,从重感情价值到重自我实现。消费格局的不断变化加速了企业模式的创新步伐,进而给技术创新带来了很多机会。

举例来说,房地产企业正在从地产开发转向城市运营。金融与保险企业为提升客户体验,积极展开产品与渠道创新,打造数字生态。再如,传统制造业的汽车企业,近年来纷纷成立软件公司,布局汽车软件开发。

的确,模式创新给技术创新带来了很多机会,但技术创新从来都不是单纯的技术问题,更是一个商业问题。技术创新只有找到可应用的落地场景,才可以规模化,最终实现产业化。

《数度》: 这是否意味着企业前端的营销模式也在发生变化?

方跃: 按我的理解,营销的本质是构建企业和客户的关系,这也是为什么在数字化转型过程中我们强调企业需要打造数字化产品和数字化服务。

过去企业的产品和服务同顾客只有非常有限的触点,比如当客户需要购买微软的 Office 软件时,微软将装有软件的磁盘寄给客户之后,同客户的关联也就结束了。即使后期客户可以从网上下载 Office 软件,微软和客户依然是简单的交易关系,将产品的使用权转给客户。

当微软将软件变成了云服务的一部分之后, Office 演变成了数字化产品,并通过后续不断的数字化服务同客户建立起更持久的价值联系。

前端的营销是客户价值创造的一个组成部分,这点在企业销售的关键绩效指标(KPI)上应有所体现。还是以微软为例,以往销售的 KPI 主要取决于产品销售量。今天,微软销售人员的年终奖取决于是否真正给客户带来了价值。

客户价值可以通过一些数字化手段来衡量,比如客户使用其产品的频率和时间。由于通过云端为客户提供数字化产品和数字化服务,企业才有可能比较准确地了解其产品和服务是否真正给客户带来价值,同时企业还能获取更多的客户洞察,支持产品和服务不断迭代创新。

我也注意到,营销端的变化让企业更加关注消费者需求变化和原创技术的发展,对企业更深刻地了解两者的结合,寻找新的价值创造切入点和赛道有很大帮助。

营销作为企业和客户交互的重要窗口,企业应充分利用数字化技术手段搭建起以人为本、有效联结企业和客户的桥梁,只有这样才能打造出满足客户需求的产品和服务。

用某家企业高管的话来说,"我们不缺研发和生产能力,我们有足够强的供应链能力,唯一缺的是我们不知道市场和客户需要什么样的产品"。在我看来,很多企业以产品思维主导、重渠道,打造同客户多维度的直接沟通渠道已成为数字化转型的必赢之路。

《数度》: 您怎么定义传统企业?刚刚提到微软原来就是传统企业,这个提法很有意思,背后有没有具体可参照的依据?

方跃: 最重要的是企业能否把客户价值创造落到实处,而不是单单的目标愿景和口号。这方面前面已经谈了很多,我这里谈一个衡量企业客户价值创造能力比较具体的维度——企业持续创新的能力。

是否具有持续创新的能力是识别企业能否摘掉传统"帽子"的一个重要标志。企业的持续创新能力需要硬件和软件的有机结合,是今天企业的重要护城河。

企业的创新能力包括多个维度,首先是能聚焦客户价值创造,不断发现问题、不断解决问题。同时,成长性思维、持续学习、坚守创业精神、良好的激励制度,这些都是保持持续创新能力的重要因素。

再具体些,数字化转型取得明显进展的企业都非常重视构建创新文化。创新文化有几大特征,试错式学习、鼓励"快速失败"、突破"路径依赖"。其背后逻辑很简单，不求高大上，通过快速迭代控制好风险，避免方向性错误。

初创企业，包括原生态科创企业，多从一个或几个产品或服务作为切入点，起初它们没有市场占有率和规模化等大型企业面临的压力，往往可以很好地聚焦客户需求，专注打磨产品和服务。

最开始这些企业自身没有生产能力和渠道能力，就需要同其他企业实现协同和共赢。随着业务增长，企业规模不断扩大，这些企业内部流程变得日趋复杂，容易失去原有的扁平和柔性。

外部同时也面临新的挑战，包括搭建渠道和建立品牌等。非常不幸，我们看到一些初创企业发展到一定规模后，正在走向"传统化"。如何让一家几千甚至上万人的企业保持创新活力？这是非常值得关注和探讨的问题。

《数度》： 数字化转型对企业领导力，包括很多本身就是数字化企业的大型科技公司，提出了哪些挑战？

方跃： 企业一定要结合自己的实际情况。一般来讲有两条路：一条路是从业务变革入手；另外一条路是由组织文化变革入手。多数企业是从业务变革入手，但也有企业，比如微软，是从组织文化变革入手，由组织文化变革引领业务变革。

很多企业遇到的挑战，是如何平衡现有业务和创新业务之间的关系。创新业务可能代表企业未来，但在开始阶段，规模和贡献相对比较小，企业还是要重视对原有业务的投入和支持。随着创新业务的发展，企业可以动态调整其创新业务的比重和所投入的资源。

在这个过程中，企业要不断识别并果断放弃"标志性实践"。我这里所谈到的"标志性实践"是过去对企业发展立了汗马功劳的业务，但这些业务现已不再符合企业未来发展战略，甚至成为企业数字化转型的障碍。

数字化转型不能急于求成，要结合自身情况，避免追求高大上。企业在任何节点上都面临很多选择，那么如何在众多选择中挑选应该优先上马的数字化项目？

通过同企业的大量交流，我觉得可以从三个方面考量：一是能否对客户价值创造有帮助，并且不只是短期效应；二是是否有规模和网络效应，如果只对一个业务单元或某一家门店有帮助，意义不大；三是项目是否采用了新的数字化技术手段，能否大量沉淀数据也非常重要，否则带来的价值可能有限。这些只是一些经验之谈，但如果这几关都过不了，这个项目是否值得投入就需要谨慎考虑。

我们前面谈到了软实力的重要性，形成战略共识是企业领导者的重要任务。在转型的路径选择上，不要追求完美主义，转型的目标和大方向基本正确就可以，竭尽全力打造能适应外界变化的组织文化是关键。组织和文化的本质是什么？是人。企业还是要以人为本，这对企业不仅仅是发展问题，也是生存问题。

伴随着企业数字化转型进程不断向前推进，越来越多的企业将进入转型"深水区"，有些甚至会进入"无人区"，找不到学习榜样或更好的企业实践作借鉴。

我们谈数字化转型，用转型强调其变革的内涵，但也有一定误导性，企业本就应时时关注技术发展和市场变化，就像微软提出要不断自我刷新，等到需要被迫刹车、急转或调头时再转型恐怕为时过晚。

在数字化转型浪潮中，一定会有很多企业被淘汰。赛道和政策很重要。我不是很喜欢"百年企业"这个提法，难道企业的生存年头是最重要的考量？能否给客户和社会创造价值才应该是更重要的。

平台经济再定位

2021年春天,陈威如回到了中欧课堂。

2017年夏天,时任中欧国际工商学院战略学副教授的陈威如,选择从商学院的研究教学岗位上暂时离开,加入阿里巴巴菜鸟网络,担任首席战略官。在外人看来,似乎是他对自己《平台战略》系列理论研究的一次实践与升级。作为知名商学院教授,他的"弃文从商",也成为商学院向互联网公司转型风潮的关键注脚之一。

互联网编年史也浓墨重彩地记录了那个火热的夏天:以共享单车为代表的共享经济成为最大的风口,一批年轻的企业家在资本和科技的加持下站在了时代浪潮之巅;互联网巨头也同样在快速奔跑,阿里巴巴提出了"新零售"并彻底改变了人们对于零售的认知,腾讯游戏业务赚得盆满钵满,其公司股价在那一年年底触及历史高位。

今天来看,那确实是中国互联网经济的最高光时刻。但到底是什么样的力量推动了这种高速增长,在当时并无人过问。中关村创业大街上挤满了拿着演示文稿(PPT)的创业者,后厂村日夜灯火通明,人们从咖啡中吸取宇宙能量,"996"在梦想面前,不值一提。

"跑得太快了。我们觉得是快速试错,但并没有意识到这种'错'是以什么作为代价的。"在接受采访时,陈威如说。陈威如的研究方向集中于企业创新、平台战略和数字化转型。他从欧洲工商管理学院INSEAD到后来的中欧国际工商学院,在15年的商学院教学时光中,他曾经获得中欧国际工商学院、欧洲INSEAD商学院及美国普渡大学最佳教学奖。

在公共层面的影响力,源于他2013年出版的超级畅销书《平台战略》。这本书正式开启了人们对于平台的认知,正是从那一年开始,平台模式被认为是互联网商业模式的核心创新。

随后几年,包括在阿里巴巴的二年,陈威如对于平台的研究从未停止,他后来连续出版了《平台转型》

《平台化管理》等著作,形成了较为完整的关于平台的研究框架,这在全球商学院领域也并不多见。而在许多读者看来,基于中国互联网平台实践的洞察,陈威如对于平台的思考更加反映真实商业世界。

也正是在这一两年时间里,互联网平台和数字技术的负外部性开始逐渐饱受诟病。当"996"驱动了一整代焦虑的年轻人,当人们开始反思外卖平台算法里的阴影,当我们开始怀疑云端的交流是否正在消解我们的社会资本,当平台开始在我们的生活中变得无远弗届,在2020年末,为了防止市场力量的滥用,保护消费者利益,针对平台经济领域互联网巨头的反垄断正式开铡,人们普遍认为这只是"反平台滥用垄断地位的行为"的开始。

对于平台经济,一时间悲观情绪蔓延。

但陈威如认为,我们在很多时候都误解甚至是滥用了平台。在他看来,当2020年将我们加速裹挟入数字时代后,我们需要在数字化的语境下真正去理解平台对于我们来说到底意味着什么。

"本来,科技和人性可以在平台的架构下更好地结合。"陈威如说,"但我在现在的传统消费互联网公司中还没有看到。我有点等不及了,我希望能够再回到学界去，帮助更多的传统行业，与行业里的企业家们一起，为这个世界找出不同的数字化方向——更人性、更温暖的方向。"

归去来

我们在 2021 年的暮春再次见到了陈威如。他刚刚下飞机，神色略有疲倦。"太忙了。"这是陈威如回到商学院的第一感受。

从外在来看，他依然保持着三年前离开时的习惯：熨烫妥帖的白衬衣，细框眼镜，总是温和的微笑。但与他多接触一会儿，还是能明显看出他的不同：曾经一丝不苟的白衬衣袖子被随意挽起，时不时会略微紧锁眉头，明显晒黑了好几个色号。

在他自己看来，变化也确实发生着。"以前我理解商业，是用眼、用脑来理解，因为我们是去阅读、去思考；但是去了企业界之后，我是用手、用心来体验商业，是真的去跟一群人一起来做一件事情。"

尽管回到中欧之后，他还是负责战略领域课程的讲授，但他认为他的关注点已经不一样，"我们以前讲的是战,我以前一般关注的是'战略是什么';而现在我更多关注的是,战略是怎么生成的?它的过程是什么?又是怎么驱动组织变革去落地的?"

陈威如对自己这三年的总结是这样一句话:"跟一群有情有义的人去做有价值的事情。"相比于结果,过程具有了更高的重要等级。

不过,陈威如在一次公开分享中也提到,他在商界的另一个心得是:理想主义需要与现实相平衡。

"举例来说,当我是战略官角色的时候,同时需要涉足技术创新和团队融合,作为研究某一特定领域的学者,我们的知识面往往不够宽泛。每当必须深入思考问题时,我常常会觉得当年攻读博士学位时的我还不够努力。"他笑着补充道。

在互联网科技彻底改变我们的世界之前,正如管理学大师彼得·德鲁克所言,管理就是实践。陈威如说,在工业时代,商业世界的一般模式是,商学院教授负责抽象商业行为中的共性并形成相应的趋势判断和行为分析,之后反哺现实。陈威如称之为"马拉车"模式。

但在数字时代,这一经验似乎正在被颠覆。"企业界跑得太快了,就像正在快速行驶的高铁列车,后面的车厢会嫌前面的火车头跑得不够快。"陈威如说,"现在很多互联网公司觉得,商学院帮不了他们。所以他们把火车头丢掉,自己往前冲。"

陈威如认为,这也是近些年商业世界诞生了许多名词的原因,比如新零售、新消费等等。"我们看到了很多的新概念。但是新概念的内涵到底是什么,其实并没有得到一个很好的提炼"。

他也进一步提到,"当然我们需要反思,可能很多的商学院学者确实不够长进,但是这世界还是有很多的真正洞察本质的思想"。在陈威如看来,在消费互联网平台端所遭遇的挫折,其实恰恰就是这种公司"数据—印证—提炼概念"模式的失败。

陈威如说,这种管理思想更新的模式,太过于关注马斯洛需求的底层(买到商品、买得便宜、安全优质),而忽略作为主体的人更多的需求(创造、成就、爱)——而这正是商学院存在的价值。

数字化

如今回到商学院的陈威如,想要去做一些不一样的东西。

2021年8月,陈威如将在中欧国际工商学院开启一项名为"数智升级训战营"的课程。这一课程主要面对的是企业数字化战略的操盘手及其团队。通过四天三夜的高强度学习和讨论,聚焦解决企业自身的数智化路径问题,并形成落地方案,形成共识,共同看到希望。

曾经听过陈威如课程的某股份有限公司总裁说,在学习过程中,她也看到了中欧教授们不断更新迭代自己的知识体系。

在回顾阿里巴巴的三年时光时,陈威如说,"我感觉这三年对于我这样一个中年人的世界观改变很大,尤其是关于迈向未来数字化、智能化时代的方面,我觉得像我这样的中年人(的世界观)都可以经过一段时间改变的话,我相信其他的传统行业的高管层、中年人,也能够更好地创想未来。"

陈威如认为,今天的平台,首先是需要被放在数字化视野中考虑的平台。"未来十年,所有企业都必须思考一个议题,在数字化的未来世界,如何改变世界观,并重新定义目前惯性的所作所为。"

数字化转型,是当下最为热门的商业关键词。但是为何转、怎么转、向哪转,其间诸多问题,并没有得到清晰的讨论。

在平台的视角下,陈威如认为,此前在 C 端能够被看到的消费互联网平台只是冰山一角,在更深的产业互联网中,产业协作平台正在彻底颠覆我们的工业流程。"过去十年是消费互联网的时代,但未来十年,是全场景、全链路的数字化、互联化和智能化将发生在物流、制造、研发和售后服务等领域的时代。这是平台的新场景。"陈威如说。

在陈威如看来,数字化赋能平台是产业互联网的新机遇所在,也是平台的未来进化,"如果你已经错过了微信社交,错过了阿里巴巴的交易平台,我觉得接下来你想走得更快,就是要做产业管理平台、数字化管理平台。"

尽管平台经济遭遇了诸多质疑,陈威如依然相信平台的力量,他说,平台真正令人惊艳的是它能够透过一种数字化管理的能力快速扩张,赋能行业上下游生态圈的伙伴共同升级,突破传统公司管理边界的认知。

在数字时代,对于平台垄断我们可能也需要重新思考,"比如把微信劈成两半,然后让它互不相连。你很难说这对于社会来说到底是不是好处大于坏处的。因为它作为一个社交平台,确实降低了我们的沟通成本。所以今天看平台是否形成了垄断,关键还是在于它的存在是否创造客户价值,是否阻碍了市场竞争。"陈威如说。

在陈威如看来,平台的存在本来应该是垄断的反面,"平台存在的使命是推动去中心化,但我们很多时候总是忘记了这一点。"

对话
中欧国际工商学院战略学副教授　陈威如

《数度》：今天您如何看待平台？

陈威如：我把平台发展分为三个阶段。第一个阶段，平台是利用互联网技术的兴起来做更广泛的连接的，像是微信这种社交平台连接人与人，或者说是像谷歌这种搜索平台连接人与信息。第二个阶段，我称之为交易的匹配撮合，就像天猫、淘宝这种电商平台，所以我们很多时候听到的都是交易平台，这些都是已经发生的。第三个阶段，我觉得是现在正在发生的，应该称之为数字化管理平台，就是行业协作管理平台。

以房产交易为例，左晖和他所推动的贝壳公司，其实就是一个典型的行业管理平台。除此之外，还有服装行业我接触过的汉帛国际和其二代企业家高敏孵化的哈勃云，还有零售行业的物美孵化多点、美特好孵化全球蛙等等。对于传统行业来说，数字化给其分工机制、分配机制以更明确的考量。这些平台能够把人、货、场管理起来，然后把数字化系统开放给广泛区域的中小企业使用，然后他就能够把整个行业管理起来。

数字化加平台化，我觉得还会是未来的趋势。但是，平台化已经不只是在做连接与交易，未来要做的是把整个行业管理起来，提供可视化、可量化、可优化的数字工具以及共创共赢的机制。我相信这个趋势将会再持续5年乃至10年，而且会在各个行业出现。

《数度》： 平台未来的方向是什么？

陈威如： 我一般讲的是，消费互联网是一个一千米宽一米深的发展模式，而产业互联网是一个一千米深一米宽的模式，因此，在这两个领域的平台战略，其实有不同的打法与底层哲学。

在产业互联网时代，你是全链路赋能，你得平等协作，行业每个环节有其专业与壁垒，我很难想象在供应链中谁会有能力去发号施令，其中的主体，不是集权，而是平等的。比如说今天我是制造商，就可以对上下游发号施令？我觉得在今天，哪怕是极为强势的渠道或者品牌，他要完全发号施令也不太可能。这其实也减缓了平台的垄断可能性。

过去很多公司自称平台，但没有成功，这是因为公司缺乏做平台的能力和心态。做平台的能力是指，要能用技术上的创新带来高效连接，包括软件、硬件和服务等，同时也要有能够带来共赢的机制，有各方彼此分工来创造价值的分工体系和价值分配的标准，还要有优胜劣汰的筛选机制。如果没有这些规则，平台最终会成为一个低品质的团伙而难以持续。

平台未来的发展方向，从社会期望与趋势来看，还是要走向去中心化创新、分布式赋能。我觉得去中心化激发多元创新是非常棒的一件事，但是你要有超人的智慧与慈悲，发展巧妙的权责利模式，能够去中心化赋能别人，自己又能活得好，这条路太难走了，需要时间来酝酿。

《数度》：今天大家对于科技巨头和平台的抵触，很多时候来自于对数字化负面效应的恐惧。

陈威如：我们确实需要反思，现在互联网的工作模式，很多时候是先干了再说。这种着急做大的模式，也牺牲了很多年轻人的健康、陪伴家人的时间，以及自己曾经想干的事情。我看了许多家庭长期分隔两地，觉得蛮可惜的。

所以面对目前的数字化我还是有点不满意，特别是在我看了数字化最前沿的公司以后，我觉得现有的数字化，依然是在满足我们说的马斯洛关于人的 7 个需求层次中比较中底部的基本需求。

但是我们需要往上看。我觉得数字化目前还没有真的带给我们我想象中的东西。所以我会希望，回到商学院，去和更多的企业家站在一起，能够再去帮助一些传统行业。

比如说汉帛的高敏，她就是一个对她所处的行业和企业有爱的企业家。因为她是从行业来的，她对这个行业是有热爱、有共情的。所以她很多的决策是站在行业发展的角度，包括行业里面的员工、裁缝师等等，如何通过更高效的技术手段发挥他们的能力，改善他们的生活，让他们一起赚到更多的钱，这是企业家在做平台时，希望实现的利润之外的更多共赢。

其实这些年我看到了一些案例，比如你去问美特好、全球蛙等等，他们的创始人都是怀抱着对行业满满的爱。他们约 30 年都在做零售，想的都是我怎么让我们的导购赚更多的钱,我怎么让这些员工能够升级,从"坐商"变成"行商",而不是纯粹地说我要快速上市,我要得到资本,我要快速变现。

所以从这些企业家身上,我也能够看到数字化更美好的东西,就是通过数字化的平台,去给每一个人创造更多的自我实现的可能性。科技如何能够与人性、与温暖做更好的结合,这是马斯洛需求的上层,也是数字化平台应该去往的方向。

新二元经济：理解宏观的新思路

到底什么是实体经济？数字经济是实体经济吗？

在采访一开始，周春生就向我们抛出这一问题。但他并没有直接给出答案，因为在他看来，在数字经济的新世界，经典二元经济理论对于传统和现代部门的理论模型，可能已经无法成为这片数字元宇宙的基础"物理定律"——"数字经济的产品供给大多是无限的，这无论是在农业时代还是工业时代都是无法想象的"。

周春生系长江商学院金融学教授、长江教育发展基金会理事长，先后获北京大学数学硕士学位和美国普林斯顿大学金融经济学博士学位，是国家杰出青年科学基金获得者。他曾任美国联邦储备理事会经济学家，中国证监会规划发展委员会委员，加利福尼亚大学、香港大学、北京大学教授等职务。

5 趋势洞察

在数字经济领域,近年来最受关注的,无疑是平台经济反垄断、资本无序扩张,从 2019 年起,针对平台经济领域的监管措施就不断出台。而经历了一系列调整和规范之后,对于平台经济市场主体的位置,我们也有了新的预期。

2022 年,国务院印发的《扎实稳住经济的一揽子政策措施》提出,要"促进平台经济规范健康发展",出台支持平台经济规范健康发展的具体措施,稳定平台企业及其共生中小微企业的发展预期。

如按照传统的二元经济模型,作为数字经济重要组成部分的平台经济,显然无法准确地找到自己的位置。这也使得新经济市场主体在过去几年来持续陷入"身份的焦虑"之中。

不过,周春生提出了一个理解当下经济和转型变局的新理论框架——新二元经济。

原有的二元经济理论,由美国经济学家刘易斯提出,是指发展中国家现代工业部门和传统农业部门同时并存的经济结构。由此他提出了著名的"刘易斯拐点":在工业化进程中,随着农村富余劳动力向非农产业的逐步转移,农村富余劳动力逐渐减少,最终从劳动力富余转为紧缺状态。

而周春生定义的新二元经济，是指新经济领域大量信息产品、数字产品存在无限供给的特征，边际成本接近于0，而传统经济领域的物理产品大多具有边际成本递增的特征。两个边际成本差异悬殊的经济领域并存，相互影响，构成一个崭新的二元经济体系，即新二元经济。

在周春生看来，这种无限经济和有限经济，既相互竞争，更相互融合，共同奠定了中国经济新旧功能转换的底层逻辑。

周春生认为，我们需要重新认识数字经济的影响力，由于新经济供给部门的巨大变化，企业的会计制度乃至整个经济商业制度，都要有所变革。

他说，我们基于传统经济发展模式所制定的国内生产总值（GDP）统计规则，可能很大程度上低估了新经济、新技术为人民生活改善所带来的贡献，"我们每个人的社交方式、生活方式、生产方式都已经发生了翻天覆地的变化，但是我们很多制度统计方法、产业分类的方法可能还停留在30年前。"

> **对话**
> 长江商学院金融学教授、
> 长江教育发展基金会理事长　周春生

新二元经济

《数度》：什么是新二元经济？是对传统二元经济理论的一次"数字化升级"吗？

周春生：理解新二元经济，前提是理解什么是无限供给。在传统的工厂，要想生产一件商品，它受制于原材料供货、生产端排期等因素，而要销售到消费者手里，需要经过层层渠道。这两端都有诸多的限制因素，因此每一种产品的供给必然是有限的，每一件产品的生产都意味着人力、物力的消耗。

但到了数字经济时代，许多产品的供给理论上已经是无限的。比如微软Office办公软件，微信、鸿蒙系统以及各种短视频、数字音乐,这些新经济领域生产出来的内容及产品一旦生产上市,便可以实现实际上的无限供应。

技术和数字没有使用损耗,没有折旧。本质上,任何一项技术、任何一组数据,一旦被创造出来,就可以被无限制地重复使用。如果不加以有意限制,理论上是可以供许多企业和许多人同时使用。这些要素一旦产生,可以实现实际意义上的无限供给。

这些具有无限供给属性的经济,我称之为无限供给经济。传统二元经济理论在中国一直备受重视,在中国改革开放早期也发挥了非常重要的作用。我们所定义的新二元经济,是由无限经济和有限经济构成的,是传统经济和数字时代无限经济的结合而形成的一个崭新经济体。

新二元经济不是传统(刘易斯)二元经济的简单升级,而是经济发展方式脱胎换骨的革命性转变。

重构资产负债表

《数度》: 基于新二元经济发展模式,决策者应当如何调整战略?

周春生： 落到企业层面来看，传统的会计制度实际上是基于传统有限经济构建起来的。它的一大基本特点就是对资产的统计，存在一个严重倾向——重有形资产、轻无形资产。

但其实无形资产在新经济领域扮演着更重要的角色。如以腾讯、字节跳动为代表的公司，它们的核心竞争力，肯定不是在写字楼、服务器等有形资产上。

所以如今存在这样一种状况：新经济里面最值钱的资产，往往难以统计到报表当中去。

当然也有人说，我们可以把它统计到研发费用里去。这也不准确，研发费用和资产之间的对应关系是非常复杂的，有的时候你花了一个亿，最后可能全打了水漂，有的时候你花了 200 万元的研发，可能最终成果值 200 个亿。

传统会计制度形成的资产负债表，已经无法让决策者正确科学地理解公司价值。那么，又如何给这些公司估值？因此，企业的会计制度乃至是整个经济商业制度都要有所变革。

这种资产负债表的重构，也体现在"国家账本"上。

比如，以前的摄影产业，GDP 是由从胶卷生产、摄影师服务再到底片冲洗等一系列生产和服务的增加值叠加起来的。但现在只要是一部智能手机就能拍照，而且理论上来说，它能拍的照片是无限的。这个时候，你怎么去计算它产生的 GDP？

再比如，以前我们打电话要交电话费，特别是越洋通信，这是一笔很大的费用，背后对应的是一整套基于电信消费的税收体系。但今天，我们通过无线网络（Wi-Fi）就可以随时视频电话，完全不受通话形式的限制。这种变化背后是整个经济运行体系正在发生的巨大变化。

当企业"无边界"

《数度》： 如何理解近年来针对平台经济领域出台的一系列政策的变化？

周春生： 熟悉经济学基本理论的人，都知道科斯定理中所谈到的企业边界。但我们发现，现在正在发生一个重大变化，新经济正在彻底改写企业的边界——当你的交易成本和生产成本、边际成本发生了变化，企业的边界也在发生变化，这个时候，企业边界将可以不受约束。

我们可以看到,现在全世界市值排名靠前、规模巨大的公司,还有在短时间内就变成巨无霸的诸多企业,大多数都是新经济企业。

传统企业要形成这样的规模,需要很多金钱的投资、多年积累和大量资源的投入。比如中石油、中石化是倾全国之力发展多年成长起来的。但我们反观脸书、谷歌、字节跳动,他们的历史有多久,他们的规模有多大?

当然,这是有利也有弊的。一方面,我们当然鼓励企业做大,但另外一方面,我们确实需要考虑:一个企业如果规模过大、掌握的资源和用户过多,可能会带来哪些负面影响?

从这个角度说,我们任何的政策和监管,本质上都应该是扬长避短,不是反对企业家做大,而是企业做大以后如何保证其行为规范。

因此,我认为反垄断更重要的就是反不正当行为、反不正当竞争、反滥用市场地位,而不是反对企业做强做大。

因此,监管部门要做的是对企业行为划出边界,而不是对企业规模划出边界。

骆驼祥子与福特汽车

《数度》： 如何看待数字技术对于传统行业的颠覆？

周春生： 无论我们愿不愿意承认，平台经济的交易效率高了很多，交易成本低了很多，而且它大大提升了商品的流通范围和覆盖面。

要想抵抗技术进步所带来的经济方式的改变是不可能的。就像福特汽车的生产，最终使得骆驼祥子生意难以为继；数字技术对我们当下的改变就是类似的颠覆。这是历史潮流和规律，我们不能逆流而动。

对传统行业来说，企业必须考虑新的科技、新的数字化技术变革对企业的影响。

但数字化转型的过程并非一蹴而就，其中涉及很多问题，比如企业家能不能重新定位和调整企业战略，对所在的产业发展趋势有没有正确的判断。

这些问题都很重要，也对企业家们提出越来越高的要求。这也是我们依然希望企业家们能来长江商学院就读的原因，越是成功的企业家，越是需要不断学习，因为这个世界是在不断变化的。

第四产业:产业经济的新维度

当人们把目光焦点聚集在 2022 年披露的第一季度三大产业增长数据上时,吕欣认为,目前有必要加强对"第四产业"分类的研究。

第四产业是什么?

第四产业这一概念,此前从学界到业界都有过诸多的争议。有的指公共服务,有的指知识产业,有的指创新产业。但吕欣和他所在的课题组通过对产业分类科学的探讨,认为数据业最有望成为第四产业。

吕欣是国家信息中心办公室副主任、研究员,他长年从事数字经济、网络空间战略、网络安全等领域的问题研究。吕欣和他所在的课题组认为,在目前的趋势下,现有的三次产业划分理论已经难以适应人类社会发展和产业升级的需要,迫切需要打破传统产业原有划分框架,按照产业分类的理论和逻辑,将数据业独立划分与核算,作为第四产业纳入产业升级变迁的理论研究框架中。

在接受专访时,吕欣给出了他认为的第四产业的标准:理想的第四产业应代表技术革新发展大趋势,占GDP比重应随经济发展呈现快速上升势头,并对现有生产生活方式形成革命性、颠覆性的影响。按相关标准,数据业是最符合第四产业标准的行业。

近年来,数据业表现出了强劲的生命力。2022年第一季度,经济数据业保持两位数的高增长,成为发展势头最迅猛的行业之一。

在全球经济普遍陷入不确定性的情况下,这无疑是极为亮眼的数字。不过,置于第三产业的框架内,这一数据的重要性可能依然被忽视了。

吕欣认为,这也恰恰是一个需要提出"第四产业"的关键时刻:"第三产业在国民经济中体格虚胖、门类冗杂,导致统计方式和统计结果难免会有一定的偏差,难以精确地反映技术和产业变迁的路径。"

当工业时代的经济分类理论框架已经无法为数字时代的决策者们提供足够的支持时，在数字化生存时代，大家都在探索理解世界的全新方法论。而根据吕欣的观察，"我们的理论探索，如今和全球发达国家一样站在了同一起跑线上。"

这种探索，首先体现在对于数据隐私、数据安全的保护上。此前，欧盟出台并生效了《通用数据保护条例》（GDPR），而2021年，《个人信息保护法》的落地，又进一步把数据安全保护提至法律高度。

不过，随着数字世界技术和生态的日新月异，数据业依然问题频发。

吕欣说，在实践中，可以看到数据业仍存大量的模糊地带，这说明我们仍未完全把握数据业的规律，在法律、规章制度，甚至科技伦理方面，仍有大量的工作要做。认识到这一点，就是一个十分喜人的趋势。我们提出数据业作为第四产业的划分，也是为了法律法规、相关产业政策、科技伦理可以更加准确地反映产业发展，更好地保护数据产权和数据安全。

吕欣和他所在的课题组着力构建有助于理解第四产业的理论框架。而对于第四产业的价值，他们也并未局限于产业本身,他们认为,未来"人—社会"的二维社会结构可能会被"人—数据—社会"的三维社会结构取代,而当下热门的元宇宙概念,其实也就是"人—数据—社会"内在逻辑的体现。

由此,他们对于数字世界的未来图景也进行了预测——我们将有幸生活在一个能够亲眼见证数据颠覆传统世界的时代。

> **对话**
> 国家信息中心　吕欣

重估数据业

《数度》： 第四产业分类的提出，其必要性是什么？

吕欣： 据国家统计局的数据，2020年我国"三新"经济增加值已达到16.9万亿元，约占GDP的17.08%。这些快速涌现的新兴产业难以通过传统的三次产业划分方法进行合理归类。一般是根据近似原则，将其归为第一、二、三产业下的各个行业类别，这不利于新产业、新业态脱颖而出和被清晰地辨识，不利于摆脱传统产业路径、模式和导向，实现蓬勃发展。

此外,按传统的产业理论来说,随着经济的不断发展,一国的产业结构会逐步向"三产"(第三产业)转移,经济会进入持续提质增效的良性循环。但实际情况却不是这样,例如去工业化的英美,以及陷入债务危机的希腊,都反映出三次产业划分理论的作用正在弱化。比如希腊在2009年一、二、三产业的比重分别为2.8%、15.31%、81.3%。当年欧洲经济下行趋势明显,希腊重量级的旅游业和航运业首先受到冲击,其经济的核心竞争力逐渐丧失,经济增长动能弱化,整个国家陷入了严重的债务危机。由此可见,单将第三产业数据作为经济发展的风向标,已经不能准确解释和预测产业发展质量。

由此可见,现有的三次产业划分理论已经难以适应新一轮科技浪潮和产业变迁的趋势,迫切需要打破传统的产业划分模式,找到可以代表科技发展潮流,引领产业变迁趋势,以全新的产品或服务形式呈现的"第四产业"就尤为必要了。

《数度》: 此前有学者试图把信息业、金融业、绿色产业等等定义为第四产业,但对于第四产业并未有共识的定义。您是如何来寻找和定义第四产业的?

吕欣： 无论是学界还是产业界，关于第四产业都有不少探讨。其中，一些学者认为信息业、金融业、绿色产业等都有望成为第四产业，但这些概念提出以来都未能产生共识。寻找和评判第四产业，最重要的是要确立一个合理的标准。我们认为，第四产业的划分，至少要从递进性、引领性、可区分性、产出有形性四个方面予以分析。

首先看递进性。第一产业指的是直接取自于自然界的自然物生产；第二产业是指对自然物进行加工的生产；第三产业是指服务并繁衍于有形物质生产之上的无形财富生产。一、二、三产业具有典型的递进性。第四产业应当是一个能够在第一、二、三产业基础上，衍生形成全新的产品和服务的新兴产业，并且第四产业必将大大提升人类整体的生产力水平，也必将把第一、二、三产业的生产力水平带上一个新的台阶。

其次看引领性。三次产业分类法就是要反映科技发展的历史趋势。随着经济发展质量提升，二次、三次产业的 GDP 占比也逐步上升。第二、第三产业曾代表经济前进的方向。这意味着，第四产业的划分，也应前瞻性识别科技演进的未来方向，具有引领性。理想的第四产业应代表技术革新发展大趋势，占 GDP 比重应随经济发展呈现快速上升势头,并对现有生产生活方式形成革命性、颠覆性的影响。

再次看可区分性。正如地图上的各个大陆之间总有清晰可见的分界,从实际认定核算的角度出发,第四产业还得符合一个最起码的标准——可以区分。

最后是看产出有形性。我们按照最终产出特征分析第一、二、三产业,会发现:第一产业是利用自然生产形成有形、固定的产品,无论是农业的粮食、水果、蔬菜,还是畜牧业的动物制品,其产出"看得见、摸得着",是"实打实"的自然产物;第二产业则是以第一产业的产出作为原料,通过对有形的自然物进行加工,形成有形、固定的工业品,其产出"看得见、摸得着",是人工产物;第三产业则是以第一、二产业的产出作为投入,形成有形、流动的服务,其产出"看得见、摸不着",是人工产物;在这一情况下,理论上第四产业应当形成的最终产出,是无形、流动的形式,其产出应当是"看不见、摸不着"的,才能与第一、二、三产业形成鲜明的区分,否则就应当并入一、二、三产业的范畴中。

我们就是以这四个标准作为寻找"第四产业"突破口的。

《数度》：为什么是数据业？

吕欣：数据业是将数据转化为数据资产，将数据资产加工为数据产品和服务，并以数据产品和服务为相关产业赋能的行业和厂商的总和。

其包含了三个紧密联系、缺一不可的组成部分：一是数据价值化，该部分从各种自然活动和人类行为中收集数据，并通过清洗、标注等方式形成数据资产，相当于数据的"采矿业"；二是数据产业化，该部分通过采用各种算法和信息技术，将数据资产加工为数据产品和服务，相当于数据的"制造业"；三是产业数据化，该部分通过对数据产品和服务进行系统集成，为各类生产生活场景提供解决和优化方案，从而为传统的第一、二、三产业赋能。

产业数据化在数据业的规模中占比也是最大的。比如工业互联网的发展，对推进工业、制造业的数字化、网络化、智能化发展具有重要作用。工信部研究机构数据显示，2022年我国工业互联网产业规模已迈过万亿元大关。全国"5G+工业互联网"在建项目总数达2400个;工业互联网已在45个国民经济大类中得到应用。

我们再来看看数据业是否符合第四产业的这四大标准。在递进性方面,其投入是非常鲜明的新生产要素——数据,是各类生产生活诞生的产物。数据业从各类生产生活实物、进程和场景中获取数据资源,运用特定技术进行存储、传播,通过加强算力、改善算法将数据资源加工成各类数据产品或服务,甚至在未来可能形成独立的人工智慧。这意味着数据业在传统三次产业基础上,已经衍生出了全新的产品和服务形式,形成了鲜明的层次递进关系;在引领性方面,数据业突破了要素稀缺性制约,为经济爆发式增长提供了可能,通过数据产业化催生新业态、激发新模式,产业数据化引领带动传统产业变革升级,显著提升经济效率和增长潜力。在可区分性方面,数据作为独特的生产要素,可与传统三次产业实现系统性区分;从产出有形性看,数据业的核心产出,是"数据产品"或"数据服务",这种由算法形成,以数据为载体的产出,虽然用产品或服务命名,但与传统的农产品、工业品、服务相比,是"看不见、摸不着"的,具有无形性、流动性,形成了与一、二、三产业都截然不同的生产成果,与传统的一、二、三产业划出了一条比较清晰的界线。

万物生数、数生万物

《数度》: 当下数据业发展处于什么样的阶段?

吕欣: 我们可以把数据业的发展划分为三个阶段。第一个阶段是从媒体到数据,称为"数据1.0",这个阶段数据的电子化和源泉主要是各类媒体,如新闻站、记者站等线下实体网络等,以人力收集传递数据并提供配套服务是数据生产者最原始的形态。第二个阶段是从用户到数据,称为"数据2.0",这个阶段互联网是数据的主要来源。其显著特点是随着互联网的普及和发展,诞生出一系列你我熟知的巨头企业,如谷歌、苹果、亚马逊、阿里、腾讯等。这些企业聚集了数以亿计的用户,并在为用户服务中不知不觉积累了海量的、以几何级数增长的数据。第三个阶段的特征是万物生数、数生万物,称为"数据3.0"。在此背景下,近几年中国的数据要素市场快速成长,数据采集、数据清洗、数据标注、数据交易等各环节发展迅猛,我国数据资源总量预计在 2025 年增至约 50ZB，约占全球总量的 28％。这为推动数据产业的快速发展奠定了基础。

《数度》： 数据业在推动传统产业转型升级中具有什么独特作用？

吕欣：《中华人民共和国国民经济和社会发展第十四个五年规划和 2035 年远景目标纲要》单独用一篇来部署"加快数字化发展，建设数字中国"的目标任务，对数字经济发展给予了整体性、战略性安排。"十四五"规划提出，充分发挥海量数据和丰富应用场景优势，促进数字技术与实体经济深度融合，赋能传统产业转型升级，催生新产业新业态新模式，壮大经济发展新引擎。当前，5G、大数据、人工智能、区块链等技术加速向各行业融合渗透，数字技术和数据要素的应用场景较为多元，对传统产业的赋能作用日益凸显，数据产业发展的态势也备受关注。具体来看，农业数据已经成为"新农具"，精准化种养取得积极进展，使得农业生产在增产增收的同时可实现从生产到消费全过程的数据可记录、可存储、可追溯、可查证；工业互联网、智能工厂等蓬勃发展，工业企业的数字化转型进程加快，截至 2021 年底，我国在规模以上工业企业关键工序数控化率已达到 55.3%，数字化研发工具普及率达到 74.7%；数字化新业态、新模式也不断发展创新，开展网络化协同和服务型制造的企业比例分别达到 38.8% 和 29.6%。另外 5G 具有大带宽、低时延、大连接等特性，可有效突破传统无线技术的传输延迟、稳定性差等突出瓶颈。5G 的发展对数据业与工业领域的深度融合创造了大量的应用场景，前面提到"5G＋工业互联网"为工厂生产体系提供了有力的网络保障与技术支撑，大大提升了工业生产运营效率，将有很大的应用空间。工业和信息化部印发的《工业互联网创新发展行动计划（2021—2023 年）》提出，到 2023 年，在 10 个重点行业打造 30 个 5G 全连接工厂。

在此背景下，更好促进数字技术与实体经济深度融合，以数字技术赋能传统产业转型升级，已经成为催生新业态、新模式，壮大经济发展新引擎的重要抓手。

元宇宙的数字本源

《数度》：基于数字世界的元宇宙概念最近很火，如何看待？

吕欣： 从根本来说，元宇宙也是在"数据3.0"大背景下催生的新概念。如果说工业互联网是工业、制造业的数字化、网络化、智能化，元宇宙就是对现实世界的数字化、网络化、智能化、虚拟化的过程，可以实现对经济系统、用户体验以及实体世界等进行深刻改造。元宇宙以万物生数、数生万物为基础，为人类描绘了一幅波澜壮阔的生存生活新空间，数据业正是绘制这幅长卷的油彩颜料。元宇宙构建的基础是将数据电子化后，构建一个全新的平行于现有世界的"现实"。可想而知，想要构建如此宏大的世界，就要打好基础，为数据构建合理的存储、流动机制，换句话说，数据业实际是为元宇宙等新产业、新业态搭建可持续高质量发展的"新基建"。

《数度》： 在数字时代，如何保护我们的数据安全？

吕欣： 保障数据安全应该做到以下几个方面。

一是细化和完善数据安全法律法规。我国相继出台《网络安全法》《个人信息保护法》以及《数据安全法》，从法律层面为网络安全治理提供法律保障。其中《数据安全法》的出台让数据安全有法可依、有章可循，为数字经济的安全健康发展提供有力支撑。在不断贯彻落实《数据安全法》的同时，需要从管理、技术等多维角度持续完善数据安全法律法规和制度标准，细化相关法律法规实施细则和相关指导意见，进一步完善配套标准规范体系，构建个人信息、重要领域数据资源、重要网络和信息系统安全保障体系。

二是加强数据安全风险评估和审查。通过大数据、人工智能、云计算等新技术手段，结合传统手段加强数据安全风险评估和审查，提高数据安全综合治理能力。

三是加大数据安全宣传教育。加大数据安全宣传教育，提高从业人员安全意识，杜绝因安全意识薄弱、操作不当等问题导致大规模数据泄露事件。

四是加强关键领域数据安全保护研发投入，针对金融、能源关键领域数据安全难题，拓展"联邦学习""零信任"、隐私计算、区块链等隐私保护技术的应用，助力"产学研用"协同促进数据安全发展问题。

五是加强国家间数据安全交流合作。积极参与数据安全国际规则和技术标准的制定，探索并加强在数据安全应急响应、网络犯罪打击等方面的国际合作。

《数度》：自《个人信息保护法》实施以来，数据归属问题得到了基本的法律保障。不过,在实践中依然存在数据和隐私的模糊地带。未来我们如何更好地保护数据产权?

吕欣:《个人信息保护法》将数据的确权提升到了法律的高度,这是非常必要的基础工作。但我们在实践中,依然可以看到数据业仍存在大量的模糊地带,这说明我们仍未完全把握数据业的规律,在法律、规章制度,甚至科技伦理方面,仍有大量的工作要做。认识到这一点,对于把握数据业发展趋势至关重要。我们提出数据业作为第四产业的划分,也是为了法律法规、产业政策、科技伦理可以更加准确地反映产业发展,更好地保护数据产权。

可以重点从以下几个方面努力:一是建立数据确权规则。开展国家层面的数据战略顶层设计,明确界定数据产权属性、权益性质,加强数据流通、分类分级、权益分配等问题的基础研究,制定适应我国国情的数据确权政策。二是持续完善个人信息授权制度。数据采集方采用单独授权、明示授权等方式对个人信息予以保护。在对用户个人数据进行脱敏处理、确保个人信息安全的基础上,支持互联网平台企业开放、共享、交易经过脱密处理和分析加工的个人数据。三是将数据产权保护纳入法律框架,构建以数据产权为核心的数据法律体系。四是统一交易数据的格式、质量、数据追溯、信息披露、匿名化技术等安全标准及技术标准。五是积极运用区块链等新一代信息技术推进数据确权,建立数据溯源体系,确保有"据"可查。六是加快培养一批掌握数据资产管理、金融和法律知识的复合型人才。

我们需要一场数字文明启蒙

"没有大数据,只有数据。"

当大数据已经成为人的延伸,没有数字化工具我们几乎寸步难行的今天,李晓东却认为,其实我们对于数据的认知还处于非常早期的阶段,对于数据可能产生的影响力,也并没有一个准确的判断。"大家都在说大数据、数据湖等等概念,有助于传播和理解,但事实上,有人产生的时候就已经有数据了。从学术的角度看,大数据其实是一个市场概念。"

李晓东系伏羲智库创始人、主任,清华大学互联网治理研究中心主任、公共管理学院兼职教授,中国科学院计算所研究员、博导,享受国务院政府特殊津贴专家。

这些标签意味着他在数字经济领域的专业度,但在我们的采访中,李晓东的表达里很少有那些过于专业的词汇,他喜欢用打比方的方式来讲述。一些复杂晦涩的信息技术理论和争议,在他这里都能够简化为一个形象的比喻。

李晓东认为,"数据的基本价值在于交换,而交换的前提是确权。不厘清这些去看大数据、数据治理,就会看不清方向"。

数据价值

李晓东认为,数据其实是贯穿人类历史的。只不过科技手段的不同,改变了数据的呈现方式。李晓东把数据的加工利用划分为"数字化、网络化、智能化"三个阶段,而我们正处于从网络化迈向智能化的进程之中。

其中,对于备受关注的数据交易和数据价格问题,李晓东打了个比方,"这就像在菜市场,有人愿意买,有人愿意卖。只要在定价范围内,通过市场议定价格就行"。而对于数据监管问题,李晓东说,"所谓的数据要素市场化配置,重点不是政府要管什么,而是政府不管什么,这就像我们做父母的,孩子长大就是一个逐渐放手的过程。你总去干涉或约束他,反而对他的成长不利"。

在他看来,作为生产要素的数据,只有交换才能产生价值。但接下来重要的问题是,怎么确定权利的边界。

对于数据的所有权归属问题,李晓东同样以夫妻和孩子的关系比喻,数据在用户和平台的使用过程中产生,那么对于数据的归属,我们如何确权?"这或许不是一个很恰当的比喻,但能帮助更多人理解其中的复杂性"。特别是数据所涉及的个人信息和隐私问题,李晓东认为,近年来我们谈到的数据资产,对于企业来说未来也可能存在变数。"比如反垄断、平台经济监管等等,对于平台价值都是一次重估。而其中的数据归属问题是一个关键点"。他认为,未来"应用与数据相分离"的模式可能会是主流方向。

而如果他所说的这一趋势成立,对于当下的绝大多数互联网企业来说,将意味着商业模式极大的改变。

但站在这个视角上来看,李晓东认为,"我们处于新的财富爆发的黎明前夜。人类技术发展一定会颠覆我们现有的商业模式和既得利益框架,从而发现新的增长点，所以我们认为从长期看它一定是会发生的，因为这是一个经济规律"。

连接者

除了学者身份之外，在李晓东身上还有更多的标签，比如他也是世界经济论坛全球青年领袖、国际互联网名称与地址分配机构 ICANN 原副总裁。

把自己定义为"数字移民"的李晓东和他的伙伴们于 2019 年创立了伏羲智库这家以缩小"数字鸿沟"和促进互联互通为使命的非营利性特色互联网研究机构。伏羲智库坐落于北京上地互联网园区间的一座小四合院之中。在暑热未退的初秋，几乎爬满这座小院上空的葫芦藤蔓上，已经结满了下垂的果实。

北京市海淀区的上地一直被外界视为我国信息产业的发源地。早在 1991 年，上地信息产业基地正式成为中国首个以电子信息产业为主导的综合性高科技工业园区。三十多年来，以互联网产业为代表的中国数字经济快速腾飞，今天作为拥有超过 10 亿网民的全球最大数字用户市场，在一定程度上，我们已经完成了"数字化生存"的跃迁。

但这依然是一片全新的大陆——在李晓东看来，尽管已经多达130多个国家和地区制定或正在制定数据治理和数据安全相关法律法规，但是还未形成明确的国际规则，这些法律法规的"最大公约数"并不清楚。"如何在数字经济特别是在数据治理规则上形成一定共识，将会是一件非常值得做的事"。

在李晓东看来，在互联网勃兴年代的这种互信和共识，正是我们当年快速发展的红利来源之一。"我们回顾中国互联网产业发展，最早的张朝阳、李彦宏，都是从国外回来的，我们的技术、人才、资本都是全球化的红利，那也是中国经济融入全球化的加速年代"。

时至今日，李晓东说他依然希望能够通过分散在这些海归者身上的温情连接和沟通，去打破如今存在的技术的封锁、对立、脱钩。"我在从事国际交流合作的时候，得到了许多今天看已经是互联网奠基者那一批大师们的帮助，即便到了今天，也正是这种基于人际上的信任，使得他们能够远渡重洋来到中国帮助我们"。

如今李晓东希望能接过这一棒，继续撬动35岁以下的人们，特别是那些数字原住民们的力量，但他拒绝用远见这个词来形容他正在做的事情。"我们个人可能不能改变大的环境,但是我们希望,在世界发生大的变化的时候,基于各个国家的那些站在技术和产业最前端的青年人之间所建立的人际相互信任,能够塑造一个抵抗冲突发生的韧性网络"。

对话
伏羲智库创始人、主任 李晓东

资产与负债

《数度》：数据是什么？

李晓东：大家提到数据的时候，往往指的都是数字化时代的数据，但数据不是只有数字版。我们要拨开迷雾来看到那个真正的东西，就要把这些概念厘清。

数据其实贯穿人类历史的始终，农业文明时代人类也在产生数据；但之所以在信息化进程之后我们特别重视数据，是因为数据形态发生了很大的变化，完成了"数字化—网络化—智能化"的信息化进程。现在我们就处于数据的网络化到智能化的演进之中。

也正是因为数据能够网络化、智能化，我们才能谈及数据成为生产要素。我们知道，一项物品只有在交换时才能够产生价值。从交换的角度来理解数据要素的市场化,就会很清晰地看到未来的发展方向。

党的十九届四中全会提出"健全劳动、资本、土地、知识、技术、管理、数据等生产要素由市场评价贡献、按贡献决定报酬的机制",首次将数据确立为生产要素。2020年3月中共中央、国务院发布《关于构建更加完善的要素市场化配置体制机制的意见》进一步明确提出"加快培育数据要素市场""研究根据数据性质完善产权性质"和"建立健全数据产权交易和行业自律机制"。

将数据作为新型生产要素是一项重大的理论和制度创新,其核心议题是数据确权,特别是基于共享交换对数据的产权进行合理地界定和配置,但是切忌简单谈单一所有权。

《数度》: 如何理解数据治理?

李晓东: 我刚才讲的数据本身,一定会涉及很多方,如数据所有者、使用者,在这个过程当中可能还有平台服务、政府监管。所以数据治理的核心,就是如何平衡各方,促进它的共享、交换,让数据产生的效益和效能最大化。在这个过程中,我们要看各方应该发挥什么样的作用,才能够有利于这个目标的达成。

数据治理涵盖数据的整个生命周期，既包括数据的收集、传输和存储，也包括数据的处理、应用和消亡。因此，换个角度来说，数据治理的范畴不仅仅包括数据本身，还包括加工处理数据的算法和基于数据分析结果的智能化应用。从数据生产到流通各环节涉及多方参与，套用传统的治理方式不一定奏效。庞大的用户群体累积了庞大的数据量，平台如何在治理中发挥关键作用，是值得深入探讨的。

数据交换是贯穿互联网的核心价值，互联网诞生伊始的模式就是一种数据交换和数据交易，并不是到今天建交易所才产生的交换和交易，在互联网领域有一种治理模式叫多利益相关方模式，要求充分发挥行业的作用。虽然这个模式不能简单套用到数据治理上，但借鉴过去成功的经验，发挥产业的作用至关重要。多利益相关方模式里大量数据并不掌握在政府手里，因此政府在监管过程中和平台、私营部门的协作非常关键。

也只有做好数据治理、构建好数据要素生态，才能谈到数据要素的盘活和激活。

《数度》： 目前的中国互联网企业正在遭遇数据归属问题。对于企业来说,数据到底是资产,还是可能在未来变成负债?

李晓东： 在数字经济时代,各相关方都在主张数据权属,特别是在企业端,大家都在谈数据资产。对于企业来说,数据要成为资产,也需要经历一个过程,来完成数据的资源化、资产化和资本化。

对于归属清晰的数据资产其实没有太大的争议,争议在于,互联网平台是数据持有者还是所有者,所以需要相关方进行沟通协调。

总的来说,我觉得在未来,平台的应用与数据分离将会是大趋势,也是你说的这个争议的解决方案。

举个例子,比如我前一段时间用过闲鱼,然后发现我基本没有信用可言。因为我用淘宝、支付宝用得比较少,他们没有获取我的消费数据,也就无法判断我的征信情况。但事实上,我在其他平台购物非常多,但由于数据的不开放,他们双方都无法获取到我的消费数据。

而且对于外部的创新者来说,如果没有数据这一要素,那么他有再强大的技术也是没用的,这种不开放,最终阻碍了创新。

这也是前段时间针对平台经济领域的反垄断的初衷——希望这个市场能够不停地培育创新主体。这种反垄断不是在刻意打破原有规则，而是在帮助引入新的创新主体，让这个行业能够健康发展。

但这也并不是说，我们提倡所有的数据都拿出来归政府或者国家监管。监管权不等于拿走变成所有权。监管权某种意义上也是一种使用，就是你可以获取这些数据，但是并不表示你就把数据拿走了。

因为要知道，数据产生的前提还是使用，如果说数据无法为平台带来价值，那么这些商业化平台就没有存在的意义了。那这样一来，其实是不利于促进市场活跃发展的。

因此，在其中如何掌握边界，既做好数据保护，又能最大限度地发挥数据资产的价值就很重要。现在美国微软、苹果、脸书、谷歌等等巨头已经在讨论数据的可携带问题和怎么做数据保护的问题。在2021年我国发布的《个人信息保护法》中，也明确给予了个人数据可转移权。未来我们期待的方式是，用户在各个平台所产生的数据，都能够在一定条件下被共享给不同的应用使用。

还是回到我们之前说的,我们目前对于数据的认知非常有限。数据因其应用方式、范围、规模的不断变化,而显示出不同的特点和利益主体以及对应的权利。这实质上是一个不断丰富数据产权内涵的过程,也可以说明数据产权并非固定不变的权利束,而是处于持续变化的过程之中。

此外,产权界定与交易成本直接相关,只有在数据的产权界定收益大于产权界定成本时,相关利益主体才有激励去制定规则和界定产权。从这个意义上讲,推动数据价值释放是产权配置的前提,数据产权随着数据价值释放而不断完善。

数字规则

《数度》: 近年来在数字经济领域出台了很多政策法规,但从全球范围来看,似乎并没有一个明确的共识。

李晓东: 近年来,中国非常明确要以数据为基础大力发展数字经济,一方面盘活数据要素,另一方面加强数据治理,并已经初步建立了相对完善的具有中国特色的数据治理规则体系。以数据要素等关键概念的提出、《数据安全法》《个人信息保护法》等基本法律的出台、北京国际大数据交易中心等平台的建设为核心,中国逐步在数据治理方面完善了规则,加快了数据权属的建构,初步构建起数据要素市场。

但从更大的视野来看,各国监管部门对于数据的认知理解程度和方向都不一样。比如欧盟、美国和中国,在数据权属、隐私边界上的要求都不一样,这也直接决定了各国的数字经济产业的发展边界。

其实,数字化的进程也不过几十年,我们对于数据本身的认知处于进展之中;但如果我们认为接下来的数字经济将会缔造一个全新的数字文明的话,那么一个良好的数据要素生态或数字经济生态则需要一个建设的过程。

2021年,中央网络安全和信息化委员会发布《提升全民数字素养与技能行动纲要》,其中个人数字素养在数据治理中的作用也得到了进一步强调。

《数度》:这是否意味着我们对于数字文明需要有一场新启蒙运动?

李晓东:在数据管理里面,有数据的所有者、数据的持有者、数据的监管者、数据的使用者四个角色。这四个角色,都需要不断更新自己对于数据的认知。

我不知道有多少人认真看过我们已经出台的《个人信息保护法》和《网络安全法》,其中对于个人信息的提供、获取、保护都有了清晰的界定。比如我们住酒店,需要提供什么信息、不需要提供什么信息,哪些个人信息是非必要提供的,这些都需要数据的所有者有清晰的认知,这才是个人信息保护的第一步。

数字文明的规则是一个循序渐进的建立过程,需要各方共同参与。我们所说的四个角色,都需要明确自己的权责边界。

不过,也需要注意的是,当大家越来越认识到数字经济是基于数据的,且数据的价值越来越大,都希望数据掌握在自己手里,于是互联网越来越碎片化,数据的流动和共享就成了一个问题。长此以往,数据孤岛现象将会进一步加剧。

数字经济的发展红利最终是得益于开放的生态,之前互联网企业喜欢讲闭环,但生态不是封闭的闭环。真正的生态一定是多样的、开放的,只有这样才能实现可持续的发展。

后记

在这本书行将收尾之时,我采访了全球知名学者凯文·凯利。我们聊了很多新技术的社会影响,他也谈到了很多关于科技改变世界的预言和判断,对我启发颇深。

在采访完成之后,我和腾讯的一位朋友在复盘科技企业影响力时,我说我和凯文·凯利聊下来最大的感受是,在数字科技创新这件事情上,我们的差距不仅仅是在基础研究以及公司实践层面,在科技的商业思考层面,我们也依然存在着巨大的追赶空间。

那是北京初冬的午后,大洋彼岸的美国已然是深夜了。面对着网线那头白发苍苍却依然在坚持向世界传递声音的凯文·凯利,我觉得中国的知识界,特别是身处技术和商业的交叉地带的媒体和学者们,要做的事情还有很多。

技术对于未来世界的影响,一直是我感兴趣的领域。妈妈说,我在幼儿园阶段最爱的故事书是一个关于鸡头怪博士的绘本。我现在甚至已经找不到那个故事的原文,也不记得具体的情节,我唯一记得的,是那个故事发生在科学实验室中。

我后来的想象力得以真正打开,是1999年世纪之交。那一年的高考题目是《假如记忆可以移植》。当时我妈妈看到新闻之后大为震动,于是从那一年开始,她就为我订阅了《科幻世界》,并且在那么早就高瞻远瞩地给我买到了那本当时风靡的《数字化生存》。

或许妈妈当年只是为了我能够拿到更好的作文分数,但对于一个十岁的小女孩来说,那些书打开了一个全新的世界。当别的小女孩还在看动画片的时候,我开始看刘慈欣的《宇宙坍缩》、柳文扬的《一日囚》、韩松的《地铁》……直到将近三十年后的现在,我生长的那座江西小县城都没有通火车。但是青春期的我,已经开始拥有关于赛博朋克的梦想了。

后来的大学、硕士阶段,我的专业是管理和新闻,这为我后来专注于科技领域的研究提供了很大的便利。

管理学科为我打下了良好的逻辑思维基础，而新闻学的人文视野为我打开了接触真实世界的机会。

工作之后，我一直从事的是科技商业领域的报道和研究，期间采访了很多知名的学者、企业家和创业者。新闻报道所获得的与实践紧密结合的机会，让我得以长期地在一线动态观察科技互联网企业的变化和转向，而与管理学者们的沟通，又使得我能够抽离出现象的表层，触摸底层的趋势变化。

我此前就在社交平台上写过，能够与这个国家乃至这个世界最聪明的脑袋平等对话，这份工作所带来的价值感不是金钱能够衡量的。

《数度》这本书其实源自我 2021 年的关于中国企业数字化进程的一系列报道和评论。此后我对它们进行了梳理和筛选等。这些观察和一段时期的新闻往往是紧密相关的，但我认为动态新闻的背后，也隐藏有长周期的变化正在发生。

新闻记者或是新闻评论员，一直是以历史的见证者和观察者的角色出现在时代中。但对于财经记者来说，这个角色有更多的使命，它意味着对于专业知识和关注的产业有深入的了解，在一定程度上，你甚至要比局内人更懂得行业本身。这是挑战,也是这份工作的另一重迷人之处,或许这也是在面临各种环境压力,我却依然坚持在媒体行业的原因。

尽管当下"黑天鹅""灰犀牛"频出,但我相信,数字技术红利是不多的可以笃定的确定性。而对于数字技术社会影响的研究以及企业战略的调整,我相信依然还是一片巨大的蓝海。我愿意继续在河流的此岸,记录那些变迁和伟大。

此刻我想起多年前读至柳宗元的《龙城录》,"时风雪寒甚,窗外点点微明若流萤,须臾千万点,不可数度"。

希望技术的力量能够早日使得冰雪消融,重见地球村与全球化的阳光。

定稿于癸卯年末、北京立冬之夜